유권자를 위한
최소한의 인문학

유권자를 위한 최소한의 인문학

1판 1쇄 발행 2024년 06월 5일

저자 래나

편집 김다인 **마케팅·지원** 김혜지

펴낸곳 (주)하움출판사 **펴낸이** 문현광

이메일 haum1000@naver.com **홈페이지** haum.kr
블로그 blog.naver.com/haum1000 **인스타그램** @haum1007

ISBN 979-11-6440-594-7(03300)

이 책은 챗gpt를 활용하여 쓰여졌습니다.

좋은 책을 만들겠습니다.
하움출판사는 독자 여러분의 의견에 항상 귀 기울이고 있습니다.
파본은 구입처에서 교환해 드립니다.

유권자를 위한 최소한의 인문학

래나 지음

목차

chapter

I

국가의 정당성

인간에 대한 관점

여러분은 인간을 선하게 보시나요, 악하게 보시나요? 선과 악에 대한 질문이 너무 추상적이라면, 이렇게 질문해볼게요. **정부와 법이 없는 곳, 국가 권력이 닿지 않는 곳이 있습니다. 어떤 곳일까요? 그곳에서 살고 싶으신가요?**

국가권력은 법과 질서를 유지하고 개인의 권리를 보호하기 위해 행사되어야 하며, 합법적으로 선택된 정부나 국가기관에 의해 행사되는 권력입니다. 그렇지만 국가 혹은 정부에게 허용되는 권력이 어느 정도인가를 두고 논란이 되죠. 그 권력을 무엇을 위해 써야하는지에 대해서도요. 개인의 권리라는 것도 모호합니다. **사유재산을 지킬 권리, 혹은 평등한 기회를 제공받을 권리가 상충된다면요? 정부는 어떤 권리를 더 우선시해야하나요? 정부의 존재 근거가 무엇이길래요?**

이런 질문들에 답하기 위해서, 정부의 목적은 무엇이 되어야 하는가에 대한 사회계약론들을 살펴보며 글을 시작해볼게요. 사회계약론은 정부의 존재와 권력을 국민 간의 계약에 근거하여 정당화하는 이론인데요. 사회계약론은 국가와 정부가 국민 간의 계약에 따라 형성되었다고 주장합니다. 국민들은 자유와 안전을 위해 국가를 형성하고, 정부에 권력을 위임하는 계약을 맺는 거죠.

사회계약론에는 다양한 이론이 있고, 각각의 사회계약론은 인간의 본성을 어떻게 해석하느냐에 따라 정부의 목적과 역할에 대한 이해가 다릅니다. 어떤 이론은 인간을 근본적으로 악한 존재로 보고, 사회계약을 통해 정부의 존재가 필요하다고 주장합니다. 이는 정부의 주된 목적을 국민의 안전과 질서 유지에 두는 데 영향을 줄 수 있습니다. 이와 달리 어떤 이론은 인간을 선한 존재로 보기에, 선한 인간의 자유를 보장하는 것이 정부의 목적이라고 주장합니다.

즉 인간의 본성에 대한 낙관적인 해석은 정부가 국민의 안전과 복지를 증진하기 위해 노력해야 한다고 보고, 인간의 본성에 대한 비관적인 해석은 정부가 국민을 통제하고 질서를 유지하는 데 더 중점을 둘 수 있습니다.

결국 인간과 대중에 대한 이해가 정치관을 만들어냅니다. 여러분은 인간과 대중을 어떻게 이해하고 계신가요?

01
국민에겐 안전을, 국가에겐 복종을

리바이어던 저술의 사회적 배경

17세기 영국은 국가와 교회의 권력 간 대립으로 뒤섞인 정치적, 사회적 혼란의 시기였습니다. 17세기중반엔 영국 내전이 발발하여 왕권을 주장하는 군주주의와 의회의 권한 강화를 주장하는 민주주의 사이의 갈등이 이어졌고, 이러한 정치적 격변은 당시 지식인들에게 현실적인 정치 체계와 국가의 존재에 대한 물음을 던졌죠.

사회적 분열이 심하고 민주적으론 도저히 이 분열이 해결되지 않는다고 여겨질 땐 강력한 권력자가 이 분열을 해결해주면 좋겠다는 소망이 나오기 마련입니다. 대화로, 민주적으로 해결이 안 된다고 생각할 때 '상급자한테 가자, 엄마한테 물어보자, 쌤한테 말해보자'하는 생각이 괜히 나오는 게 아니죠.

토마스 홉스는 이런 혼란과 분열을 배경으로 자신의 사회 계약론을 발전시켰는데요. 그는 국가의 존재와 정당성을 인간의 본성과 사회적 조직에 대한 이해로 설명하며, 국가의 필요성과 정치적 통치의 필요성을 강조하고 불안정한 시대의 요구에 부합하는 정치 체계를 제안했습니다.

폭력적인 인간을 통제하는 강력한 국가의 필요성, 리바이어던의 이론적 기초

홉스는 인간이 자연 상태에서 벗어나 국가를 형성함으로써 사회적 질서와 안정을 달성한다고 주장합니다. 그는 **인간이 자연 상태에서는 "만인에 대한 만인의 투쟁"이라는 상태, 즉 모두가 서로에게 적인 전쟁과 혼란으로 가득 찬 상황에 처한다**고 전제했어요. 자연 상태에서 인간들은 욕망과 이익의 충돌로 인해 질서와 안정이 유지되지 않으며, 인간은 상호 간의 신뢰가 부족하여 끊임없는 위협과 불안에 시달린다는 거죠.

이 상황에서 **인간들은 사회 계약을 통해 국가에 권력을 위임하고 국가가 제시하는 법과 질서를 수용함으로써 상호 간의 평화와 안정을 이룬다**고 홉스는 주장했습니다. 이 계약의 결과로 국가는 국민들의 안전과 안락을 보장하기 위해 존재하며, 이러한 목적을 달성하기 위해 국가는 법과 질서를 시행하고 국민 간의 분쟁을 조절하는 권력을 갖죠.

홉스의 국가론은 강력한 중앙집권국가를 지지하며, 통치자나 국가가 국민에 대한 절대적인 권력을 행사하는 것을 지향합니다. 절대적 권력으로 국가는 개인의 안전과 안락을 보장하고요.

인간 본성과 자연 상태

여러분은 인간의 본성을 선하게 보시나요? 악하게 보시나요? 낯선 사람에게 친밀감을 먼저 느끼나요, 경계심을 먼저 느끼나요?

홉스는 인간 본성을 전쟁과 혼돈으로 이해했습니다. 17세기 영국 내전의 혼란과 분열을 겪은 그는 인간은 갈등과 경쟁에 노출되어 있으며 강력한 권력이 없으면 전쟁과 혼돈이 자연스럽다고 봤죠. 그렇기에 홉스는 인간의 자연적 권리에 대한 개념을 비관적으로 바라보았습니다. **자연상태에서 인간은 서로를 해치지 못해 안달입니다. 자연적인 권리라는 건 없다는 거죠.**

인간은 권리를 가지고 태어나는 것이 아니라 국가나 정부의 존재에 따라 형성된다는 겁니다. 즉 국가나 정부의 존재가 권리의 기초라는 것입니다. 따라서 인간은 국가의 권위를 받아들이고 국가의 법에 순응해야만 안전과 안정을 확보할 수 있으므로, 국민은 국가의 규칙과 법률을 따르고 국가에 복종해야 하며, 이것이 국민의 주요한 의무라고 생각했습니다. 또한 국민은 국가의 이익을 위해 헌신해야 하고요.

국가의 권위

자연상태에서 폭력과 혼란에 빠지는 인간들은 서로의 생명과 재산을 보호하기 위해 권리를 포기하고, 국가에 대한 모든 권력을 위임했다, 개인의 안전이나 자유 등에 대한 권리는 국가가 존재하기 때문에 가능한 것이다- 라는 홉스의 주장에 동의하시나요? 이 논리에 의하면, 국가의 주권은 국민이 아니라 국가 자체에게 있습니다. 그러므로 강력한 중앙집권국가가 국민과의 계약을 수행하기 위한 효과적인 국가가 되죠.

홉스는 권력이 중앙집중화되고, 국가가 강력한 통치를 행하는 것을 주장했습니다. 이러한 통치체제는 국가의 안전과 안정을 보장하며, 국민들 간의 폭력과 혼란을 방지할 수 있기 때문입니다.

지도자에게 필요한 자질은 덕이 아니다

여러분은 전쟁과 혼란의 시기에서는 혼란을 정리하고 사회적 질서를 유지하기위해 강력한 지도자에 의한 독재가 용인된다고 보시나요? 예를 들어 군조직은 강력한 위계서열이 있습니다. 전시 상황에서 민주주의는 효과적이지 않는 소통방식으로 여겨지죠. 그렇다면 국가 단위로는요? 홉스는 국가는 늘 긴장감 있는 전시 상태에 처한 것과 다름없다고 보았기 때문에 정치인은 국가의 안전과 안정을 위해 강력한 힘을 발휘할 줄 알아야 하며, 이를 통해 국민들의 이익을 보호할 수 있어야 한다고 생각했습니다.

군주에게 결단력과 힘은 국가의 안전과 안정을 유지하기 위해 필수적이며, 군주는 자신의 목표를 달성하기 위해 필요한 조치를 취하고 시민들의 안전을 보장해야 한다는 것이죠. **그래서 군주는 선한 게 아니라 강해야 합니다.** 약한 군주는 외부적인 위협에 대처하지 못하고 국가의 안전을 보장할 수 없을 뿐만 아니라 내부적으로도 혼란을 초래할 수 있기 때문입니다.

홉스는 도덕적인 리더를 비판했습니다. 군주는 권력을 유지하고 국가의 안전과 안정을 보장하기 위해 필요한 모든 수단을 사용할 수 있어야 하는데, 선한 마음이 국가의 안전을 위협할 수 있다면 그것은 리더의 자질이 아니라는 거지요. 군주에게는 도덕적 의무나 선한 마음이 필요한 게 아니라, 사회 질서를 목적으로 하는 권력을 유지하기 위해 필요한 모든 수단을 사용할 수 있다고 봤습니다.

국가에게 복종을

홉스는 개인의 의무와 권리를 국가와의 사회 계약에 따라 결정된 것이기에 **개인은 국가에 가입함으로써 국가에 대한 복종과 보호를 약속하고, 이에 상응하여 국가는 개인에게 안전과 보호를 제공한다**고 주장했습니다. 따라서 홉스에 따르면 국가가 존재하는 한 개인은 국가에 대한 복종의 의무를 지며, 이에 대한 대가로 안전과 보호를 받게 됩니다.

민주주의 시대를 사는 우리의 입장에선 선뜻 받아들이기 힘든 부분이 있습니다. 홉스의 이론을 흥미롭게 읽으며 어느 부분은 동의를 하셨더라도 어느 부분에선 주장이 과하다고 생각이 들기도 하실 겁니다. 당시의 반응은 어땠을까요? 귀족과 평민 중 홉스의 이론을 환영한 쪽은 어디었을까요? 홉스는 귀족이었을까요, 평민이었을까요?

중앙집권주의에 대한 귀족과 평민의 갈리는 반응

17세기의 영국 내전 상황에서 귀족과 평민 사이의 의견은 다양했지만 일반적으로 귀족은 군주주의를 지지하는 경향이 있었고, 평민들은 의회의 권력을 더 강화하고 군주의 권한을 제한하는 방향을 선호했습니다. 귀족들은 왕과 군주의 지위를 보호하고, 그들의 특권과 권력을 유지하려는 경향이 있었지만 반면에 평민들은 군주의 권한이 제한되고 의회가 대표적인 결정 권한을 가질 때 더 많은 자유와 권리를 누릴 수 있다고 생각했죠.

홉스는 귀족 출신이 아니었으나 그의 사상은 귀족들의 지지를 받았습니다. 그가 제시한 국가론은 군주의 권한을 강화하는 방향으로 이끌어졌기 때문입니다. 물론 홉스의 이론이 귀족들의 특정 이익을 위한 것이라기보다는 국가의 안정과 질서를 추구하는 데 더 초점을 맞추었다는 점에서, 전통적인 귀족들의 주장과는 다른 측면도 있었습니다.

그러나 홉스의 이론이 귀족들에게 환영받은 것과는 별개로, 영국 내전은 의회파가 승리하고, 군주주의를 주장하는 찰스 1세가 처형되는 결과로 끝이 났습니다.

현대 관점으로 본 홉스

홉스의 국가론은 현대에서 완전히 받아들여지지는 않습니다. 강력한 중앙집권적 통치 체제는 개인의 자유와 권리를 희생할 수 있기 때문입니다. 홉스의 국가론은 민주주의적 가치에 위배되죠. 그럼에도 권력에 대한 이해를 넓히는 홉스의 군주론은 여전히 스테디셀러로 전세계에서 읽히고 있습니다. 현대 사회와 정치에도 상당한 영향을 미쳤죠.

그의 국가론은 국가가 안전과 안정을 유지하며 규율을 제공하는 중요한 역할을 한다는 개념을 강조하며, 중앙집권적인 통치 체제와 법치주의의 발전에 영향을 미쳤습니다. 또한 국제 정치 측면에서는 국가 간의 관계와 국제 질서를 이해하는데 중요한 기초를 제공했구요. 홉스의 이론을 적용해보면 국가들은 자연상태와 비슷한 상황에 놓여 있는 셈입니다. 각각의 국가가 자신의 이익을 위해 자기보호를 위해 노력하며, 이를 위해 국제적 권력 구조를 형성하고 유지한다는 것입니다. 그의 이론은 현실주의적인 국제 정치 이론에 영향을 미쳤고, 국제 정치에서의 권력과 안보에 대한 이해를 제공했습니다.

여러분은 어떻게 생각하시나요? **국가의 안보는 호의나 친절함으로 유지된다고 보시나요? 아니면 평화는 힘으로 유지된다고 보시나요?**

02 사유재산을 지켜라

개인에게 자유와 권리를

여러분은 국가의 제1목적이 무엇이라고 생각하시나요? 국민의 안전과 국민의 자유 중 무엇이 더 우선되어야 하는 상위 목적인가요? **사유재산에 대한 개인의 권리는 국가의 목적이나 역할에서 얼마나 중요한 가치인가요?** 사유재산이라는 관념은 사회적으로 만들어진 건가요, 자연적인 건가요?

이와 같은 질문에 대해 답하기 위해, 개인의 자유와 권리 및 사유재산에 대해 현대까지 영향을 주는 사상을 만든 존 로크를 살펴봅시다. 로크는 개인주의를 주장하는 중요한 정치 철학자 중 한 명입니다. 17세기 중후반의 왕권이 다시 확대되는 영국에서, 그에 대한 반발로 개인의 권리와 자유를 주장했죠.

그는 개인의 자유와 재산권을 중시하며, 개인이 자연적으로 가지고 있는 권리를 보호하는 것이 정부의 주된 목적이라고 말했습니다. 개인이 가지고 태어나는 자연적 권리는 생명, 자유, 재산에 대한 권리를 포함하는데요. 즉, 개인의 자유와 권리가 정부의 존재와 역할에 대한 중요한 원칙이라는 것이죠.

국가 이전에 인간의 권리가 있다

로크는 모든 인간이 태어날 때부터 갖고 태어나는 동등한 자유와 권리가 존재한다고 주장하며, 정부나 사회의 허가나 규율에 의해 제한되지 않는다고 말합니다.

홉스와 대조되는 부분입니다. 홉스는 인간에겐 아무 권리가 없으나 사회가 있기 때문에 권리도 존재할 수 있다고 생각했죠. 그러니 인간은 국가에 감사해야하고 복종해야합니다. 로크는 **인간에겐 원래 태어날 때부터 권리가 주어지니 국가는 그걸 침해하지 않아야 한다**는 논리를 펼치죠.

여러분은 어떻게 생각하시나요? **국가와 개인의 자유 중 먼저 존재하는 것은 무엇인가요?**

로크는 정부의 권력이 국민의 동의에 기반하고, 국민의 이익을 위해 행사되어야 하기에, 국민이 정부에 의해 침해당하거나 억압당할 때에는 국민은 반대할 권리가 있다고 보았습니다. 그의 자연권 이론은 개인의 권리와 자유를 보호하고 정부의 권력을 제한하는 데 큰 영향을 미쳤죠. 미국의 독립운동에도 상당한 영향을 끼쳤습니다. 권리와 자유를 강조하며, 정부의 권력을 제한하는 중요한 원리는 미국의 독립을 추구하는 데 있어서 중요한 이념적 기반으로 작용할 수 있었죠.

미국의 독립 선언문에는 로크의 이론적 원칙이 반영되어 있습니다. 특히, **"모든 사람은 태어날 때부터 동등하게 만들어져 있는 권리를 가지며, 그 중에는 생명, 자유, 행복을 포함한 권리가 있다"**는 문장은 로크의 자연권 이론에서 영감을 받은 것으로 알려져 있습니다. 로크의 사상은 현재까지도 미국의 정치와 법률 체계에 깊은 영향을 미치고 있습니다. 이 내용은 이후 처벌권 관련해서 자세히 확인해보죠.

차별 없이 보편적이고 절대적인

로크가 경험한 영국은 신분제와 군주권이 강력했고, 권력이 주로 특정 계층이나 정부에 집중되어 있었습니다. 이러한 상황에서 개인의 자유와 권리는 상당히 제한되어 있었고, 개인의 권리가 여러 가지 방식으로 침해당하는 일이 있었습니다.

신분제는 사회적 계급을 엄격하게 구분하고, 상류층의 특권을 보호하는데 사용되었습니다. 또한 군주권이 절대적이었기 때문에 의회의 권력이 제한되거나 무시당하는 경우가 많았죠. 군주가 의회의 결정을 무시하거나 개입하여 개인의 자유와 권리를 침해할 수 있었고, 군주와 귀족층은 자신들의 이익을 보호하기 위해 법률을 조작하고 해석했습니다. 이로 인해 하층민들의 권리가 무시되거나 침해당하기 쉬웠죠.

로크는 이러한 상황을 타결하기 위해 개인의 권리가 보편적이고 절대적이어야 한다고 주장했습니다. 로크가 괜히 모든 사람의 자연적인 권리를 주장한 게 아니었던 거죠. 그는 인간이 태어날 때부터 자연적으로 가지고 있는 권리인 자연권을 강조함으로써, 개인의 권리가 정부나 권력자에게 의해 제한될 수 없다는 주장을 했습니다. **이것은 당시의 신분제와 군주권에 대한 비판이었으며, 상대적 약자인 하층민들의 자유와 권리를 위한 목소리였죠.**

노동과 소유권

여러분은 노동을 통한 소득이 투자를 통한 소득보다 더 가치있거나 진실되다고 생각하시나요? 혹은, 투자 소득을 날로 먹는 소득이라고 생각하시나요?

로크는 개인이 노동을 통해 자연 상태에서 소유권을 획득한다고 주장했습니다. 예를 들어, 개인이 땅을 가지고 노동하여 농작물을 재배하거나 재화를 생산할 때, 그 개인은 그 노력에 대한 보상으로 그 땅이나 재화에 대한 소유권을 얻는다는 거죠. 노동을 통해 획득한 소유권은 합법적이고 정당한 것으로 간주됩니다. 노동했기 때문에 소유한다, 소유권 이론의 핵심 개념 중 하나인데요.

왜 이런 주장이 가능할까요? 자연 상태에서 아무도 무엇을 소유하지 않은 경우, 개인의 노동을 투자함으로써 소유권을 얻을 수 있다고 가정했기 때문입니다. 예를 들어, 어떤 사람이 숲 속에서 나무를 베어 목재를 만들었다면, 그 사람은 그 목재에 대한 소유권을 얻을 자격이 있다고 볼 수 있습니다. 이는 그의 노동이 목재를 가공하여 새로운 가치를 창출했고, 이로써 그의 소유권이 정당화된다는 것을 의미합니다.

이 노동과 소유권 개념은 현대 사회 및 정치 체제에 상당한 영향을 미쳤습니다. 개인의 노동과 그로부터 얻은 소유물에 대한 개인적인 권리를 강조하며, 현대 자유 시장 경제 및 자본주의 체제의 기초에 영향을 줄 수 있었죠. 개인의 노동에 대한 보상과 그로부터 발생하는 소유물의 유효성은 자유 시장 경제 체제에서 경제적 활동과 자원 배분에 대한 기본 원리로 받아들여집니다. 단, 로크가 살던 시기는 투자소득이나 사업 소득에 대한 개념이 구체화되기 전이니, 로크가 노동을 강조했다고 해서 투자소득을 비판한 건 아님을 확인하고 넘어가죠.

로크가 노동을 통한 소유권을 강조한 것은, 개인의 권리와 자유로 논리를 뻗어나가기 위함입니다. 소유권의 개념은 개인의 권리와 자유를 중요시하는 자유주의 철학과 연관되는데요. 개인의 노동에 대한 보상과 소유물에 대한 개인적인 권리의 강조는, 개인의 자유와 자기 결정권의 보장과 연결되죠. 바로 자유주의 사상인데요. **자유주의는 개인의 권리와 근본적인 자유를 강조합니다.** 이 권리에 노동으로 얻은 소유권이 포함되고요. 그래서, 자유주의적 사상에서의 **정부의 중요한 역할은, 개인의 소유인 신체 그리고**(노동으로 얻어진) **소유물에 대한 권리를 보장하는 것이 됩니다.** 로크의 영향을 받은 미국이, **개인의 신체와 사유재산에 대해 민감한 의식을 가지게 된 배경이기도 해요.**

내 권리를 침해한 사람을 처벌할 권리

로크는 자연권인 소유권과 관련하여 처벌권 사상을 주장했습니다. **개인은 자신의 소유권을 침해하는 타인에 대해 처벌권을 갖는데, 이 처벌권을 정부에 위임함으로써 자신의 자유와 재산을 보호**합니다. 자신의 권리를 침해하는 다른 개인이나 집단에 대해 자가 방어를 하거나 복수를 추구할 필요 없이, 정부가 이를 대신 처리해 줄 것으로 기대할 수 있다는 것입니다.

즉 국민으로부터 **국가가 위임받은 처벌권은 국민의 개인적인 자유와 재산을 보호하기 위해 행사되어야 한다**는 것입니다.

로크는 처벌의 예방적 기능도 주장했습니다. 처벌권은 법을 어기는 행위에 대해 예방적으로 작용해야 하며, 법을 따르지 않는 행위에 대해 공평하고 적절한 제재를 내려야 한다는 것입니다. 이러한 로크의 처벌권 개념은 현대적인 법 체계와도 연결되고요..

만약 정부가 개인의 처벌권을 제대로 보호해주면 어떨까요? 정부가 사람들의 권리를 보호하지 않거나, 정당한 법과 절차에 따라서 처벌을 하지 않는다면요? 예를 들어, A는 B로부터 성폭행을 당하고 살해당했습니다. 개인의 신체와 생명을 심각하게 침해받았죠. 그러나 B는 초범, 심신미약 등의 이유로 가벼운 처벌을 받았네요. A의 가족은 그 처벌이 충분하지 않다고 주장합니다. A의 가족은 형량에 분개해서 B를 찾아가 살해했습니다. 이건 누구의 잘못인가요?

인간은 본성적으로 자신과 타인의 생명, 자유, 재산에 대한 권리를 갖고 있다고 봤기에, 이러한 권리가 침해당할 때, 개인은 자신들의 권리를 보호할 수 있는 권한을 갖는다고 로크는 주장했습니다. **즉, 정부가 개인의 권리를 보호하지 못하거나 불법적으로 행동한다면, 개인들은 스스로 자신의 권리를 지키기 위해 처벌하고 방어할 수 있는 권리를 갖게 된다**는 것입니다.

자연권으로 발생하는 소유권 만큼, 그 소유권을 지키기 위한 처벌권은 아주 중요하죠. 타인이 나의 신체에 위협을 가할 때 잠재적 피해자가 행할 수 있는 행동에 대해 어떤 사상은 '공격에 대한 방어'라는 관점으로 접근하고, 어떤 사상은 '소유권 침해에 대한 처벌권'이라는 관점으로 접근하죠. 그래서 용인되는 행동의 범위도 달라지고요.

미국에서는 개인이 자신의 생명과 재산을 보호하기 위해 필요한 적절한 방어 수단을 사용할 수 있다는 개념이 존재하는데요. 이 방어의 범위가 꽤 높습니다. 존 로크의 처벌권 이론의 영향을 받았기 때문입니다. 예를 들어, 미국에서는 불법 침입이나 개인의 안전을 위협하는 상황에서, 정부가 처벌권을 실행해줄 수 없는 상황에서, 개인이 스스로를 방어하고 처벌하는 권리를 인정합니다. 불법침입자에 의해 생명이 위협될 수 있으므로, 침입자에 대한 총기 사용은 스스로를 방어하고 본인의 생명권을 위협한 사람에 대한 합리적인 처벌의 조치로 간주될 수 있습니다. **유사한 상황에서 한국의 법이 정당'방위'에 초점을 맞춘다면, 미국은 나의 소유권, 생명권을 침해한 것에 대한 '처벌'이라는 사상적 배경도 가지고 있기에 가능한 방어의 범위가 더 넓어지는 것이죠.**

기본 권리의 기원

개인의 자유와 권리가 어디에서 나오는가. 국가로부터 주어지는 권리인가, 혹은 태어날 때부터 주어지는 권리인가. 홉스와 로크의 차이점입니다. 개인의 권리의 근거가 무엇이냐에 따라 정부의 역할도 달라지죠. 여러분의 생각은 어떠신가요? **국가가 있어서 내 권리가 있나요, 아니면 내 권리를 지키기 위해 국가가 존재하나요?**

03
흙수저도 살만한 사회

정의란 무엇인가

여러분이 생각하는 **정의란 무엇입니까? 정의는 지향할 만한 것인가요? 정의는 실현될 수 있는 것인가요? 모두가 합의할 수 있는 정의라는 게 있나요?**

모두가 처한 상황과 이해하는 방식이 다르기 때문에, 정의가 무엇인지 합의하는 것은 매우 논쟁적입니다. 허울 좋은 한 문장을 말하는 것은 쉽지만, 현실에서 옳고 그름, 혹은 더 좋은 선택이 무엇인가를 결정하는 건 무척 치열하고 복잡하곤 합니다.

정의를 말하는 다양한 관점들을 짧게 확인해봅시다.

허무주의 입장은 정의란 상대적이며 그래서 절대적인 정의의 개념을 찾으려는 것은 무의미하다고 여깁니다. 인간의 가치나 행동에 대한 개념은 주관적이며, 절대적인 정의나 의미를 찾을 수 없다는 것이죠. 이 관점에선 정의가 무엇인지 정의하는 것은 사변적인 이야기에 지나지 않을 수 있죠.

공리주의 관점은 어떨까요? 공리주의 입장에서는 정의는 최대다수의 최대의 행복과 최소한의 고통을 가져다주는 결과로 이해됩니다. 이 관점에서는 행동의 결과가 중요하며, 사회적 효용이 최대화되는 것이 정의로 여겨집니다.

자유주의적 입장에서는 정의는 개인의 자유와 권리를 최대한 보장하는 것으로 이해됩니다. 이들은 개인의 자유가 훼손되지 않는 선에서 개인의 선택에 의해 정의가 실현된다고 주장합니다. 조금 전에 다룬 존 로크가 개인의 자유와 권리가 가장 중요한 것이라고 주장했다는 점에서 이 관점에 포함될 수 있지요.

사회주의적 관점은 어떨까요? 한국인에게 사회주의는 멀고도 가까운 개념입니다. 사회주의는 경제적 평등과 사회적 정의를 중시합니다. 이들은 부의 공평한 분배와 경제적 양극화의 해소를 통해 진정한 정의를 실현할 수 있다고 믿습니다.

실용주의적 입장은요? 실용주의는 정의는 특정한 상황과 문제에 대한 최선의 해결책을 찾는 것으로 이해됩니다. 이는 현실적이고 실제적인 해결책을 중시하며, 이론보다는 실제 결과에 중점을 둡니다. 정의를 추상적인 개념으로 접근하지 말고, 실제 현실에서 어떤 문제를 해결하고 무엇을 선택해서 어떤 좋은 결과를 낼 것인지 실리적으로 접근하자는 것이지요.

또한, 페미니스트적 입장에서는 정의는 성별, 인종, 성 정체성 등의 차별을 없애고 여성의 권리와 자유를 보장하는 것으로 이해됩니다. 이들은 성별의 제한 없이 사회적으로 평등한 대우를 받는 것이 진정한 정의라고 주장합니다.

다시, 여러분의 생각은 어떤가요? 정의가 무엇인지 말하는 게 너무 어렵다면, 이렇게 질문해봅시다. 여러분이 생각하기에 **요즘 사회에서 가장 공정하지 못한 문제가 있다면 그건 무엇인가요?**

불공평하지 않은 사회를 향해서

20세기 중반의 미국은 인종 문제, 여성의 권리 운동, 사회주의와 자유주의 간의 충돌 등의 다양한 사회적 이슈가 있었습니다. 이런 논쟁적 사회는 개인의 권리와 사회적 정의, 공정성에 대한 심도 있는 고찰을 촉발했고, 그 중 영향력 있는 주장을 한 사람 중에 존 롤스가 있습니다.

롤스는 공평한 사회적 구조를 구축하기 위해 원칙의 공정성을 중요시했는데요. 사회 구성원 간의 관계와 자원 분배 방식에 적용되는 원칙이 공정하고 공평하게 적용되어야 한다는 것이죠.

이를 위해 무지의 베일이라는 개념을 도입하는데요. 사회 구성원이 자신이 어떤 위치나 역할에 있을지 알 수 없는 상태에서 사회적 구조와 제도를 설계해야 한다는 아이디어입니다. 그래야 **현재의 자기 입장만을 대변하는 이기심에서 떨어져서 중립적으로 정당한 사회적 구조에 대해 이야기**할 수 있다는 것이죠. 자신이 어떤 위치나 역할에 있을지 알 수 없는 상태에서 각자는(알 수 없는 상황에서의) 자신의 이익을 최대화하려는 경향을 가질 것이므로, 이를 통해 공정하고 중립적인 원칙을 도출할 수 있다고 롤스는 주장하죠.

롤스는 개인의 자유와 공정성을 최대한으로 증진시키는 것이 중요하다고 믿습니다. 개인의 기본적인 자유와 권리를 보장하는 것이 중요하다고 강조하며, 사회적 불평등이 가장 취약한 이익자들에게 이익을 줄 수 있도록 해야 한다고 주장합니다. 그래서 롤스는 차별의 원칙을 주장하는데요, 사회적 불평등이 가장 취약한 이익자들의 가장 낮은 지위를 향상시키도록 해야 한다는 것입니다.

홉스가 안전을, 로크가 자유를 말했다면 롤스는 공정함을 말한다고 볼 수 있습니다. 어떤가요, 여러분이 생각하기에 이 세 가치의 우선순위는 어떻게 되나요?

무지의 베일

위에서 말한 "무지의 베일"을 한번 더 살펴보죠. 이 개념은 공정한 사회적 구조를 설계하기 위해 사용되는 개념인데요. 무지의 베일은 사회적 결정을 내리는 사람들이 자신의 개인적 이익과 상황에 대한 정보를 모른 채로 상상하도록 하는 상상의 도구입니다. 천으로 둘러쌓여서, 개인이 자신이 어떤 사회적 지위에 있을지, 어떤 경제적 상황에 있을지 등에 대한 정보를 알지 못하는 상태를 의미합니다. 이런 상황에서 개인은 자신이 현재 속한 특정 집단의 이익을 최대화하기 위해 특정한 입장이나 이해를 취할 수 없습니다.

쉽게 말하면 이렇습니다. 요즘 한국에서도 흙수저, 무수저, 금수저 등 '갖고 태어난 계급의 불평등함'을 표현하는 말들이 있죠. 그리고 **자신이 처한 상황에 따라 정의나 공평함의 의미가 달라지곤 합니다.** 그렇다면 이렇게 전제해보는 겁니다. 내가 이 한국 사회에서 다시 태어난다면? **그런데 어떤 집안에서 태어나는지는 미리 알 수 없고, 다시 수저 랜덤뽑기를 한다면? 그렇다면 어떤 사회에 태어나고 싶을까?**

롤스는 무지의 베일 상태에서 사회적 구조와 제도를 설계할 때, 각각의 개인들은 자신의 이익이나 성향을 고려할 수 없으며, 대신 모든 사람에게 공평하고 정의로운 원칙을 적용할 것이라고 주장합니다. 인생 랜덤뽑기를 해야하는 상황에서, 개인은 자신의 이익과 관점이 어떠

하든지 간에, 가장 공정하고 중립적인 원칙을 찾게 됩니다.

이 가상의 개념은 각각의 구성원이 공평하게 대우받고, 사회적으로 취약한 이익자들도 보호받을 수 있는 사회를 구축하는 데 도움을 줍니다.

어떠세요. 한국에서 다시 태어나게 된다면? 어떤 지역의, 어떤 성별의, 어떤 계층의, 어떤 배경의 사람으로 태어날지 모르는 상황에서, 여러분이 가장 우려되거나 불공평하다고 생각하는 사회 제도나 문제점은 무엇인가요? 혹은 이미 충분히 이상적인 사회라고 생각하시나요?

정의의 2원칙, 자유와 공정성

롤스는 공정한 사회적 구조를 실현하기 위한 두 가지의 기본적인 원리를 제시합니다.

제1원칙 : 평등한 자유의 원칙(The Principle of Equal Basic Liberties)

이 원칙은 모든 사람에게 동일한 기본적인 자유권을 보장하는 것을 주장하는 것인데요. 롤스는 모든 사람이 동일한 기본적인 자유권을 가지며, 이를 침해할 때에만 자유를 제한할 수 있다고 주장합니다. 달리 말하면, **다른 사람의 자유를 침해하지 않는 선에서 자유를 행사할 수 있다**는 뜻입니다.

제2원칙: 차등의 원칙(The Difference Principle)

이 원칙은 사회적 불평등이 가장 취약한 이익자들의 가장 낮은 지위를 향상시키는 것을 목표로 합니다. 즉, 부의 재분배와 같은 조치를 통해 사회적 불평등이 **가장 취약한 이익자들에게 이익**을 주도록 하는 것을 의미합니다.

이 두 가지 원칙으로 롤스는 공정하고 정의로운 사회를 구축하기 위한 기본적인 원리를 제시하는데요. 만약 이 원칙이 뻔하고 새롭지 않게 느껴진다면, 그건 우리가 이미 이 사상의 영향을 받아들이고 살고 있기 때문이라고 볼 수도 있겠죠.

자유와 정의, 심장과 폐

여러분, 자유와 공정성 중 뭐가 더 중요한가요?

하나로 간단히 대답하기 어려운 문제입니다. 두 가지 모두 중요한 가치이고, 맥락에 따라 강조되거나 보완될 것이 달라질 수 있죠. 롤스는 두 가지 중 하나만 선택하는 건 불가능한 것이라고 말합니다. 심장이 없으면 폐가 뛸 수 없고, 폐가 없으면 심장이 지속할 수 없다! 롤스는 공정성과 자유가 상호보완적인 요소라고 보며, 어느 하나의 증가가 다른 하나의 감소로 이어지지 않도록 균형을 유지해야 한다고 주장합니다. 예를 들어, 너무 많은 자유가 인간의 기본적인 권리를 침해할 수 있으며, 반대로 너무 많은 규제가 자유를 제한할 수 있습니다.

롤스는 최대한의 자유와 공정한 사회 간에 밀접한 관련이 있다고 믿습니다. 그는 최대한의 자유가 모든 사회 구성원에게 보장되어야 하며, 이를 통해 개인의 자유와 권리가 최대한 존중받아야 한다고 주장합니다. 그러나 자유는 공정한 사회적 구조와 조화를 이루어야 하며, 공정성이 보장되지 않는다면 자유는 실제로 이루어지지 않을 수도 있죠.

공정한 분배와 사회적 불평등의 최소화를 통해 최대한의 자유를 보장할 수 있을까요? 롤스는, 공정한 사회적 구조란 각 개인이 자유롭게 자신의 삶을 결정하고 개인적 목표를 추구할 수 있는 환경을 조성하여 이를 통해 최대한의 자유를 보장하는 것이라고 생각합니다. 맹목적인 자유가 불평등함을 만든다면, 그것은 누군가의 자유를 침해하는 것이기 때문에 그건 자유의 가치를 지키지 못한 게 되는 거죠.

즉, **공정한 사회를 위해서는 최대한의 자유가 보장되어야 하며, 모든 개인의 자유가 지켜지기 위해서는 공정한 사회여야 한다**는 겁니다.

자유를 위한 부의 재분배

롤스 이전에도 부의 재분배에 대한 개념은 존재했습니다. 그러나 롤스는 부의 재분배가 사회적 불평등을 최소화하고 가장 취약한 이익자들의 지위를 향상시키는 것을 목표로 한다는 점에서 이전의 부의 재분배 이론들과는 다소 차이가 있습니다. 경제적 평등을 과도하게 주장하는 입장들은, 개인의 자유를 침해한다는 점에서 강하게 비판받을 수 있죠. 하지만 롤스는 개인의 자유를 강조했다는 점에서 다른 재분배 이론들과 차이가 있습니다.

이전의 부의 재분배 이론들은 부의 재분배를 단순히 부의 재분배 자체를 중심으로 삼는 것에 반해, 롤스는 부의 재분배가 사회적 불평등을 최소화하고 취약한 이익자들을 지원하는 데 중점을 둡니다. 또한 이를 통해 개인의 자유가 침해되지 않도록 균형을 유지하는 것이 중요하다고 봅니다. 공정과 자유 중, 롤스가 제1원칙으로 먼저 제시한 건 자유였으니까요. 그는 자유와 공정성의 조화를 보다 명확하게 제시하였습니다.

그의 이론은 20세기 후반의 미국에서 사회적 정의와 경제적 불평등에 대한 논의를 촉발했습니다. 특히 미국에서는 1960년대와 1970년대에 고용, 교육, 건강 등의 사회적 문제에 대한 해결책으로 부의 재분배와 복지 프로그램을 강화하는 움직임이 활발했습니다. 롤스의 이론은 이러한 움직임에 영감을 주고, 사회적 불평등 해소를 위한 정책의 기반으로 사용되었습니다. 이러한 영향은 지금까지도 계속되며, 미국의 사회 정의와 공정성에 대한 논의에 영향을 미치고 있습니다.

사회 맥락에 따라 다르게 요구되는 정의

사회나 국가의 지향점에 대한 여러가지 이론이 있습니다. 중앙집권적인 사회 구조를 통해 사회적 정의를 실현한다는 관점도 있고, 개인의 권리와 자유를 보장하는 사회가 정의라는 관점도 있으며, 공정한 분배와 사회적 불평등의 최소화가 사회적 정의라는 관점도 있습니다. 이 중 하나가 정답이고 나머지는 틀린 걸까요? 그렇지 않습니다.

물론 이것 또한 정답이 아니라 저의 상대적인 주관입니다만, 결국 정의에 대한 관점이나 주장은 그 시대적 배경과 밀접하게 연관되어 있습니다. 국가가 혼란스럽고 사람들이 죽어나갈 땐 국민의 안전을, 개인의 권리가 침해당할 땐 개인의 자유와 권리를, 불평등이 사회문제가 될 땐 공정함을 요구하게 되는 것이지요.

결국엔 지금 사회의 문제를 어떻게 읽어내고 발견하느냐에 따라 필요한 정의가 달라집니다. 깊이있고 종합적인 시선으로 사회의 맥락을 읽어내야 효과적인 정의나 지향점을 해결방안으로서 제시할 수 있습니다.

그러나 **각자가 처한 상황에 따라 발견되는 문제가 다르기에, 모두의 정의가 다를 수밖에** 없는 거겠지요. 경제 저성장 국면에서의 평균수명 연장과 낮아지는 출산율 상황에서 누군가는 노인이 수령 연금부족을 사회 문제로 말하고, 누군가는 청년의 세금 부담을 사회 문제로 말하지요. 지금 태어나는 아이들이 겪을 사회 문제는 말해지기도 어렵겠네요. 롤스의 무지의 베일 개념을 가져와볼 수 있을까요? 어려운 문제입니다.

chapter

Ⅱ

사회주의의 탄생과 발전

01
노동자의 심장을 뛰게 한 공산주의는 왜 실패했을까

19세기 유럽

여러분, 공산주의에 대해 어떻게 생각하시나요? 한국에선 공산주의적 사고는 빨갱이라고 표현되며 그 자체로 사회 암적인 것으로 여겨지기도 합니다. 젊어서 공산주의에 심장이 뛰지 않으면 청년이 아니고, 늙어서 공산주의에 심장이 뛰면 멍청한 거라는 말도 있죠. 재치있는 말이라고 생각합니다. 그런데, 대체 공산주의가 뭔가요?

모든 이론은 시대적 배경에서 자유롭지 않으니, 카를 마르크스와 프리드리히 엥겔스가 공산주의를 주장한 주요 사회적 배경을 확인해 봅시다. 19세기 중반 유럽은 산업화가 빠르게 진행되면서 농업 사회에서 공장으로의 대규모 이동이 일어났습니다.

이러한 산업화의 결과로 인하여 근로자들은 기계화된 생산환경에서 일하게 되었는데, 노동 조건은 매우 열악하고 임금은 낮았습니다. 또한, 이 시기에는 자본가들이 공장 소유와 생산수단을 통제하고 있었는데, 이에 대한 노동자들의 분노와 불만이 커지게 되죠.

마르크스와 엥겔스는 이러한 산업화와 자본주의 체제가 사회적 불평등을 심화시키고, 노동자 계급의 약탈을 초래한다고 보았는데요. 그들은 자본가들의 이익 추구에 의해 노동자들이 착취당하고, 경제적 불평등이 계속 확대된다고 예상했고 이러한 분석을 바탕으로 공산주의를 제시하여, 생산수단의 공유와 경제적 평등을 통해 이런 사회적 문제를 해결하고자 했습니다.

역사적 유물론

역사적 유물론(Historical Materialism)은 카를 마르크스와 프리드리히 엥겔스가 개발한 사회 및 역사 이론입니다. 마르크스주의의 핵심 개념 중 하나로, 사회 및 역사적 변화를 이해하고 분석하는 데 중요한 틀이죠. 이 이론은 **역사의 원동력은 경제적 요인에 기반하며, 사회의 발전과 변화는 생산 수단의 소유, 생산 관계 및 이 요소들에 의한 사회적 계급 갈등에 의해 결정된다**고 주장합니다.

역사적 재료주의는 **사회가 발전하는 과정**을 일정한 단계로 나눕니다. 원시 공동체, 노예제, 봉건제, 자본주의 등의 단계로 구분하며, **각 단계들은 사회의 생산수단과 생산 관계에 따라 특정한 경제 체제와 사회적 구조를 가진다**는 것입니다. 좀 더 자세히 살펴보죠.

원시 공동체(Primitive Communism) 단계에서는 사회 구성원들이 공동체적으로 생활하며, 개인적인 소유 개념이 거의 없습니다. 생산 수단은 공유되며, 노동의 가치가 인정되고 경제적인 부의 분배는 상대적으로 평등하며 사회적인 계급 구분이 존재하지 않습니다.

이후 노예제(Ancient Slavery) 단계에서는 노예가 생산에 사용되며, 노예주인 계급과 노예 계급이 형성됩니다. 생산 수단은 노예주인 계급의 소유하에 있으며, 노예들은 강제 노동에 종사합니다. 부의 분배는 노예주인 계급에 집중되고, 노예들은 매우 낮은 지위에 있습니다.

그 다음의 역사 발전 단계는 봉건제(Feudalism)입니다. 봉건제 단계에서는 봉건주와 봉건인의 계급 구조가 형성됩니다. 생산 수단은 봉건주의 소유에 있으며, 봉건인들은 봉건주에게 봉사 노동을 제공합니다. 부의 분배는 봉건주와 봉건인 사이에 있으며, 봉건주가 봉건인들에게 보호와 교환의 대가로 부여됩니다.

봉건제 이후의 역사 단계가 자본주의(Capitalism)입니다. 이 단계에서는 자본가와 노동자의 계급 구조가 형성됩니다. 생산 수단은 자본가들의 소유에 있으며, 노동자들은 임금 노동을 수행하죠. 부의 분배는 자본가와 노동자 사이에 집중되며, 자본가들은 이윤을 추구하고 노동자들을 착취합니다.

인간 역사의 전개 과정을 이성의 발전이라고 보는 관점, 자유의 확대라고 보는 관점 등 다양한 관점이 있었는데, 마르크스는 경제적 요인으로 인간 역사를 설명해낸 것입니다.

자, 원시 공동체 단계, 노예제 단계, 봉건제 단계, 자본주의 단계 모두 우리가 경험한 것인데요. 그 다음은 무엇일까요? 마르크스는 이 이후의 단계로 사회주의와 공산주의를 말합니다. 자본주의 다음 단계인 사회주의(Socialism)가 자본주의의 대안으로 제시되는데요. 사회주의는 생산 수단을 사회적으로 소유하고, 생산력을 계획적으로 조절합니다.

그런데 이 사회주의도 역사발전의 궁극적인 것은 아닙니다. 마르크스는 사회주의가 발전하여 국가의 폐쇄와 계급의 소멸로 이어지는 공산사회로 발전할 것이라고 예상했습니다. 역사 발전의 최상의 단계인 공산주의 사회에서는 각자의 능력에 따라 일을 하고, 각자의 필요에 따라 자원을 분배한다는 것이지요.

마르크스의 이 역사 발전 이론은 **사회를 결정짓는 두 가지 요소로 경제적 기반과 상부구조의 관계를 강조**합니다. 경제적 기반은 생산 수단과 생산 관계를 포함하고 있으며, 상부구조는 정치, 법률, 문화 등의 제도 및 이념을 포함합니다. 사상이나 정치, 법이 역사를 이끄는 게 아니라, **경제적 기반이 사상이나 정치 등을 포함한 역사를 전개한다**는 거죠.

간단히 말해, 경제적 기반이 상부구조를 결정하고 지배한다는 것입니다. **사회의 갈등도 결국엔 생산 수단의 소유나 생산 관계에서 비롯된다는 것**이지요.

어떤가요? 생산 수단과 생산 관계의 변화로 인간 역사의 발전 과정 혹은 변화 과정을 해설하는 것이 꽤 설득적인가요, 혹은 그렇지 않은가요?

자본주의 비판, 노동자의 해방과 경제적 평등

마르크스는 자본주의의 경제적 구조와 사회적 관계를 분석하여, 이를 통해 자본주의의 내재적인 모순과 부정적인 측면을 비판했습니다.

그는 자본가와 노동자 간의 경제적 갈등에 주목했는데요. 자본가들은 이윤을 추구하기 위해 노동자들을 최대한 저임금으로 고용하여 노동력을 착취하고 이를 통해 부를 축적하고, 임금 노동에 의존하는 노동자들의 노동력은 자본가들에 의해 이용되고 통제되는 상태에 이른다는 것입니다. 결국 자본주의가 경제적인 불평등을 증가시키고, 사회적인 분열을 촉진한다는 것이죠. 그에 따르면 자본가들은 부의 집중을 통해 권력과 통제를 갖게 되고, 이는 사회적인 계층 간의 균형을 파괴하고 사회적인 갈등을 증폭시킵니다.

마르크스의 자본주의 비판은 자본주의 체제의 해체와 공산주의의 등장을 주장하는 것으로 이어졌습니다. 그는 노동자들의 해방과 경제적 평등을 통해 이러한 자본주의적인 문제들을 해결할 수 있다고 주장했습니다. 마르크스의 공산주의는 모든 사람들이 사회적으로 평등하고 공정하게 대우받아야 한다고 주장합니다. 부의 불균형과 계급 간의 경제적인 차별을 해결하고, 모든 사람들이 자유롭게 발전할 수 있는 사회를 이뤄야 한다는 것입니다.

노동자 계급이 자유롭고 자기 결정적으로 삶을 살아가기 위해, 공산주의는 노동자들이 노동력을 판매하기 위해 자본가들에게 종속되지 않고, 자유롭게 노동의 조건을 결정할 수 있는 사회적인 구조를 제공해야 한다고 주장했습니다. 이를 위해 부의 재분배와 생산 수단의 사회적인 소유를 통해 경제적인 공유가 필요하다는 것입니다. 부의 집중을 방지하고, 모든 사람들이 경제적 자원에 공평하게 접근할 수 있어야 한다는 것이죠.

공산주의가 말하는 이상적인 경제 체제

공산주의 경제 모델은 생산 수단의 사회적 소유와 중앙 집중적인 계획에 의한 경제 운영을 중심으로 합니다. 이 이론은 자본주의 체제의 부정적인 측면을 극복하고, 사회적인 공유와 협력을 강조하는 데 초점을 맞춥니다. 어떤 체제를 말했는지 간단히 살펴보죠.

공산주의 경제 모델에서는 토지, 공장, 자원 등의 생산 수단이 사회적으로 소유됩니다. 자본가 개인에게 귀속되는 게 아니라, 중앙 집중적인 국가나 정부에 의해 관리됩니다. 생산 및 배분의 주요 결정은 중앙 집중적인 계획에 따라 이루어집니다. 이 계획은 국가나 정부가 경제 활동을 조정하고 조절하여 생산 및 소비의 균형을 유지하는 것을 목적으로 합니다. 공산당이나 정부의 중앙 관리 기구를 통해 이 계획이 수립되고 실행되는 거죠. 시장 경제에서의 자유로운 경쟁과 가격 결정이 아닌, 중앙 집중적인 계획과 지시에 따라 이루어지는 것을 의미합니다. 자원 할당을 직접적으로 조절할 수 있겠죠.

공산주의 경제 모델은 부의 공정한 재분배를 추구하는데요. 부의 불균형을 최소화하고 모든 사람들이 균등하게 혜택을 누리도록 하는 데 중점을 둡니다. 이를 통해 사회적인 평등을 실현하고 경제적인 불평등을 줄이는 것을 목표로 합니다.

중앙정부의 계획 하에, 모두가 평등하게 잘 사는 사회. 이상적인가

요? 혹은 허무맹랑한가요?

공산주의 경제 모델은 이상대로라면 부의 균등한 분배와 경제적인 안정성을 제공할 수 있지만, 실제로는 중앙 집중적인 계획의 한계와 자원 할당의 효율성 문제 등 다양한 도전 과제를 겪게 됩니다. 이는 실제로 구현된 국가들에서 관찰되는 것으로, 이러한 이슈들은 공산주의 경제 모델의 장단점을 평가하는 데 영향을 미쳤죠. 이 책 후반에서, 공산주의를 채택했던 소련에 대해서도 잠깐 살펴봅시다. 공산주의가 어떤 정치체제와 결부되기 쉬운지도요.

만국의 노동자여 단결하라

마르크스와 엥겔스가 공동으로 작성한 "공산당 선언"은 1848년에 발표되었고, 이후에 사회적 반응과 사회에 미친 영향은 상당했습니다. 이 선언은 노동자 계급의 의식을 강화하고 권리와 이익을 위한 투쟁을 독려했으며, 자본가들과의 사회적, 경제적 갈등을 강화시켰습니다.

공산주의 이론은 유럽을 넘어서까지 국제적인 영향을 미쳤는데요. 공산주의는 국가 간 경제 및 정치적인 격차와 갈등을 강조하면서, 다양한 국가에서 사회주의 운동을 촉진시켰습니다.

공산주의의 영향은 정말 엄청납니다. 공산주의는 근대 사회학과 정치경제학의 발전에 큰 영향을 미쳤고요. 마르크스의 분석은 사회 구조와 계급 갈등에 대한 이해를 촉진하고, 사회학적 연구와 이론의 기초가 되었죠.

이제 문자 그대로의 "공산주의"를 지향하는 집단은 거의 찾아볼 수 없지만, 공산주의가 담고 있는 사상은 현대에 이르러서도 여전히 많은 사회운동과 정치운동에 영향을 미치고 있습니다.

공산주의는 어떻게 이렇게 많은 사람의 심금을 울렸을까

역사상 가장 강력한 사상 중 하나인 공산주의. 어떻게 공산주의는 이렇게 강력한 지지를 받게 되었을까요? 마르크스의 공산주의는 부의 균등한 분배와 사회적인 공정성을 강조하기에, 많은 사람들에게 희망과 정의를 제시합니다. 특히 노동자 계급이나 경제적으로 약한 이들에게는 이러한 이념이 매력적으로 다가왔습니다.

또한 마르크스의 이론은 자본주의 체제의 내재적인 모순과 부정적인 측면을 강조하는데요, 자본주의 체제에 수반되는 경제적인 불평등과 사회적인 부조리에 대해 많은 이들이 인식하고 공감하게 만들었습니다. 그리고 자본주의 체제의 붕괴와 공산주의의 진행에 대한 이론은 많은 사람들에게 사회적인 변화와 진보의 필요성을 강조하는 메시지로 다가갈 수 있었죠. **역사적 유물론은 인류의 역사를 진보와 변화의 과정으로 이해하게 했죠. 특히 경제적으로 열악한 상황에 처한 사람에게는 미래에 대한 희망을 제시하는 것으로 인식되었고요.**

공산주의 혁명의 역사

그렇다면 정말 공산주의 이념을 실현시키려고 했던 시도들이 있었을까요? 그 결과들은 어땠을까요? 공산주의 이념을 실현하고 자본주의 체제를 전복하려는 했던 역사적 시도들을 살펴봅시다.

러시아 혁명(1917년)

러시아 혁명은 가장 잘 알려진 공산주의 혁명 중 하나로, 러시아 제국의 부패와 불평등에 반발하는 노동자들의 무장 반란으로 시작되었는데요. 1917년 10월, 레닌을 중심으로 러시아 소비에트 연방이 설립되었습니다. 소련 연방이라는 세계 최초의 공산주의 국가의 탄생이죠. 러시아 혁명은 제국주의와 공산주의 사이의 대립을 상징하며, 20세기의 역사와 정치적인 풍토를 형성하는 데 큰 영향을 미쳤습니다. 그러나 내외부의 문제로 정치적 분열과 경제적 궁핍을 겪던 소련은 1991년 공식적으로 해체됩니다.

중국 혁명(1949년)

중국 혁명은 중국 공산당의 수령 마오쩌둥의 리더십 아래서 진행되었습니다. 1920년대부터 1930년대까지를 배경으로, 농촌 건국운동과 국민적인 저항이 확산되었는데요. 1949년 중화인민공화국이 성립되며 중국은 공산주의 국가가 됩니다. 그러나 문화 대혁명과 대규모의 국가적인 실패와 인권 침해 등의 문제로 인해 1978년 이후 경제개혁을 시작하여 시장 경제로의 전환을 추진하고, 현재에 이르러서는 사회주의 시장경제 체제를 유지하고 있어요.

쿠바 혁명(1959년)

쿠바 혁명은 1959년에 발생한 공산주의 혁명으로, 피델 카스트로를 중심으로 이끌렸습니다. 당시 쿠바의 바티스타 정권은 부패하고 부의 불평등이 심한 사회였고 이로 인해 농민과 노동자 계층의 불만이 큰 상황이었습니다. 카스트로 형제를 중심으로 하는 이 혁명은 쿠바의 독재자였던 바티스타 정권을 전복하고, 카스트로를 수장으로 하는 공산주의 정부를 설립했습니다. 그러나 쿠바는 소련 붕괴 이후 경제적 어려움을 겪었고, 현재는 사회주의 체제를 유지하며 경제적인 문제를 해결하고자 노력하고 있습니다.

공산주의 이론의 한계

현재 세계에서는 공산주의 체제를 공식적으로 수용하고 있는 나라는 거의 없습니다. 소련은 붕괴했고, 중국은 중화인민공화국으로 명시적으로 공산주의를 수용하고 있지만 사실상 사회주의 시장경제 체제로 전환되었습니다. 북한은 사회주의를 공식적으로 말하지만, 실제로는 독재적인 정치체제와 계획경제를 운영하고 있고요. 마르크스의 공산주의가 말하는 '모두가 평등하고 동등하게 잘 먹고 잘 살자'가 실현된 곳은 없어보입니다. 쿠바는 사회주의 국가이며 공산당이 통치하고 있지만, 최근에는 경제개혁을 시도하고 있고요.

즉 공산주의를 말하는 나라들도 사실상 공산주의의 이상과는 상당히 다른 형태의 체제를 가지고 있다는 것인데요. 현대에는 사회주의나 자본주의와 같은 다양한 혼합체제가 더 흔하며, 대부분의 국가들은 시장 경제와 정부의 개입을 조합하여 운영하고 있죠.

왜 그럴까요? **공산주의를 지지하며 세워진 정부들이 왜 공산주의의 이념과는 다른 모습을 보이는 걸까요? 공산주의 이론은 완벽한데, 그 정부들이 공산주의 이념을 실현하는 것에 실패한 것인가요? 아니면, 공산주의 이론 자체에 내재적인 한계나 모순이 있는 걸까요?**

공산주의 이론이 가지는 첫번째 한계는 경제적 비효율의 문제입니다. 공산주의 경제는 계획경제를 기반으로 하며, 생산수단의 국유와 중앙 집중적인 계획에 의존합니다. 그러나 이러한 시스템은 효율성과 혁신을 제한할 수 있고, 자원의 낭비가 발생하고 생산력이 떨어지죠. 아주 쉽게 생각해봅시다. 내가 어떻게 일하든 간에 나에게 주어지는 보상이 똑같다면요. 열심히 할까요? 아니면 내가 사장이라고 생각해봅시다. **직원의 생산성을 끌어올리기 위해 어떤 방법이 효과적일까요. 돈은 똑같은데 열심히 하라고 격려하는 것? 아니면 직원의 생산성에 따라 보상을 달리하는 것? 인간 동기화에 대한 간단한 질문입니다.**

두번째는 인권 탄압의 문제입니다. 공산주의 국가의 단일 당체제와 중앙집권적인 통치는 개인의 자유를 억압하고, 정치적인 탄압을 가하기 쉽습니다. 중앙집중적인 통제와 감시를 통해 사회를 통제하는 것은 개인의 자유를 훼손시킬 수 있죠. 또한 공산주의 체제는 사회적 다양성을 억압하기 쉽습니다. 정치적 자유도 훼손됩니다. **공산주의 체제는 단일 당체제와 중앙집권적인 통치를 통해 구현되기에, 개인의 정치적인 자유를 억압할 가능성이 높습니다**. 이는 민주주의의 원칙과 상충될 수 있으며, 국가의 독재와 탄압을 초래할 수 있습니다.

그런 이유로 현대에는 공산주의 이념을 받아들이는 것보단, 사회주의와 자본주의의 혼합체제가 더 많이 채택되고 있습니다

공산주의와 사회주의

공산주의와 사회주의는 모두 사회경제적 체제를 가리키는 용어이지만, 다소 다른 의미를 갖고 있습니다. 혼용되어서 쓰이기도 하는데요, 구체적으로 각각 어떤 의미를 가지고 있는지, 어떤 강조점을 지니는지 살짝 살펴봅시다.

공산주의는 자본주의 사회를 대체하여 사회적 등급과 사회적 경제적인 격차를 해소하고 사회적으로 균등한 분배를 지향하는 이념입니다. 공산주의는 생산수단의 국유화, 중앙집중적인 경제 계획, 경제적 평등을 강조합니다. 공산당이나 정부가 생산수단을 통제하고 국가가 모든 자산을 소유하는 것이 공산주의의 핵심 개념입니다. 경제적 평등과 사회적 정의를 실현하기 위한 이상적인 사회 모델로서, 자본주의의 제안되었죠.

사회주의는 사회적 평등과 경제적 공정성을 추구하는 사회체제를 가리키는 이념인데요. 사회주의는 사회의 생산수단을 사회적인 조직체에 속하고, 이를 통제하거나 관리하여 자본과 부의 균등한 분배, 사회적인 복지 제도의 확대, 경제적인 공정성을 강조합니다.

사회주의는 다양한 형태와 방식으로 나타날 수 있습니다. 어떤 사회주의 시스템은 극단적인 중앙집중화와 정부 주도의 경제를 강조하는 반면, 어떤 시스템은 더 민주적이고 분산된 권력을 선호할 수 있습니다.

공산주의와 사회주의 모두 중앙집중적인 통제를 통해 경제와 사회를 조직하고 계획하려는 경향이 있습니다. 그러나 둘에는 차이점이 있는데요. 공산주의는 생산수단의 국유화와 경제적 평등을 강조하는 반면, 사회주의는 사회적 평등과 복지를 중시합니다. **공산주의는 단일 당체제와 중앙집중적인 통치를 통해 사회를 조직하는 반면, 사회주의는 다양한 형태의 민주주의와 정치적인 다양성을 존중하는 경향으로 발전,** 자본주의에 적응하고 있죠.

마르크스는 공산주의를 사회주의 다음 단계로 보았죠. 그러나 현대에서는 사회주의의 극단적인 한 형태로서 공산주의의 개념을 활용하기도 합니다. 사회주의는 보편적 복지와 사회적 안전망을 구축하는 것을 강조하는데, 이를 민주주의와 결합하면 민주사회주의가 되죠. 만약 이 사회주의의 지향점을 강력한 중앙 권력으로 실현하려고 하면 공산주의가 되고요. 이 관점에 따르면 모든 공산주의는 넓은 의미의 사회주의에 속한다고는 말할 수 있어도, 모든 사회주의가 공산주의라고 말할 수는 없게 됩니다. 사회주의는 다양한 형태를 가질 수 있으며, 이러한 형태 중 일부가 공산주의로 진화하거나 공산주의와 유사한 특징을 가질 수 있는 거죠.

예를 들어, 자본주의와 사회주의가 공존하는 체제에서는 사회적 복지 프로그램을 강화하고 공공 서비스를 제공하는 것에 중점을 두며,

시장 경제와 국유화된 산업을 조화시키려고 할 수 있습니다.

공산주의와 민주주의

일부 사람들은 공산주의와 민주주의를 조화시킬 수 있다고 주장합니다. 공산주의는 독재가 아니며 모두가 잘 살기 위한 이상이라고 주장하는 쪽의 의견으로, 민주주의적인 원칙과 절차를 존중하면서도 경제적인 공정성과 사회적인 평등을 추구할 수 있다는 것입니다. 즉 생산수단의 국유화와 중앙집중적인 계획경제를 통해 경제적인 평등을 추구하면서도, 다수의 의견에 근거한 정치적인 의사 결정을 허용하는 방식으로 공산주의와 민주주의를 결합할 수 있다는 것인데요. 공산주의가 민주주의적인 제도와 결합될 경우, 국민들의 의사 결정에 기반한 정치 체제와 경제적인 공정성을 결합하여 안정적이고 평등한 사회를 조성할 수 있다는 것이죠.

그러나 역사적으로 많은 공산주의 국가들은 단일 당체제를 통해 중앙집중적인 통치를 행사하였으며, 민주주의적인 제도나 프로세스가 부재하거나 민주적 가치가 훼손된 사례가 많았습니다. 그래서, 개념적으로 공산주의가 민주주의를 반대했던 것은 아니지만 현실적으로는 공산주의와 민주주의는 양립 불가능하다는 평이 지배적입니다.

자본주의 내 사회주의

공산주의는 경제적 비효율성보다도 개인의 자유를 억압한다는 점에서 극렬하게 비판받습니다. 다만, 사회주의 이념은 자본주의 체제에서도 시사하는 바가 있습니다.

사회주의는 자본주의 체제 내에서 사회적인 안정성을 유지하고 사회적인 불평등을 완화하는 데 기여할 수 있습니다. 사회적인 보편적 복지와 공정성을 중시하며, 사회적인 안전망 및 복지 프로그램을 통해 모든 시민의 기본적인 필요를 충족시키려는 노력을 함축합니다. 또한 사회주의는 개인의 권리와 자유를 중요시하는데, 이는 경제적인 공정성과 복지 프로그램을 통해 모든 시민에게 기회와 자유를 보장하려는 노력을 함축합니다.

민주주의와 공존 가능한 사회주의에 대해서는 다음장에서 좀 더 자세히 살펴보도록 하겠습니다.

02
북유럽의 사회주의는 뭐가 다를까

사회민주주의의 창시자

공산주의 국가들은 경제적으로 궁핍하게 되는데, 사회민주주의 국가들은 잘 살고 있는 것 같습니다. 그 차이가 어디서 나오는 걸까요? 자본주의와 조화를 이루는 사회주의, 모두가 더 잘 먹고 잘 살게 하면서도 개인의 자유를 보장하는 자본주의의 장점을 극대화해주는 사회주의는 어떻게 가능한 걸까요?

에드워드 베른스타인(Edward Bernstein, 1850년 - 1932년)은 독일의 사회주의자이자 정치학자로, 수정주의(Revisionism)의 주요한 이론가 중 하나인데요. 그는 사회주의가 현실적으로 실현 가능한지에 대한 논의를 제시했으며, 이론을 현실에 맞게 조정함으로써 사회주의 운동을 발전시키는 데 기여했습니다.

사회주의 운동에서 혁명적인 변화가 아니라 **자본주의의 발전과 민주주의의 강화를 통해 사회주의의 이상을 실현하자**는 건데요. 그의 이론은 사회주의 운동 내에서 논쟁의 대상이 되기도 했으나, 후의 사회주의 운동과 이론의 방향에 큰 영향을 미쳤습니다.

자본주의 및 민주주의와 조화되는 사회주의는 어떻게 가능한 건지, 한번 살펴보죠.

기존 마르크스주의에 대한 비판

에드워드 베른스타인은 기존의 마르크스주의에 대해 몇 가지 주요한 비판을 제기했습니다. 그래서 베른스타인은 사회주의자에게도 강한 비판을 받았었죠. 내부를 개선하려는 목소리는 내부에서부터 비판받곤 하죠.

기존의 마르크스주의는 경제 구조가 사회의 모든 측면을 결정한다고 주장한 것에 비해 베른스타인은 이를 부정하고, 인간의 의지와 정치적인 결정이 사회 구조에 큰 영향을 미칠 수 있다고 주장했습니다. 또한 민주주의와 개인의 자유를 사회주의 운동의 핵심 가치로 강조하며 민주주의적인 정치 프로세스와 인간의 자유로운 의지가 사회주의의 목표를 달성하는 데 필수적이라고 주장했습니다. 그리고 이는 혁명이나 체제 전복이 아니라, 자본주의 체제 내에서 점진적인 개선을 통해 달성할 수 있는 것으로 보았죠. 민주주의적인 정치 프로세스로요.

공정하고 자유로운 사회민주주의

사회민주주의는 민주주의와 사회주의의 원칙을 결합한 정치 체제 또는 이념입니다. 본래 사회주의는 경제적인 이념이고, 민주주의는 정치적인 이념인데요. **사회민주주의는 경제적으로는 공정한 사회를, 정치적으로는 자유로운 사회를 추구하는 것을 목표로 합니다.**

사회민주주의는 민주주의의 원칙을 중시합니다. 이는 다수결 및 법률에 따른 통치, 자유롭고 공정한 선거, 개인의 기본적 권리 및 자유를 보장하는 것을 의미합니다. 동시에, 경제적 불평등을 최소화하는 사회적 정의를 추구합니다. 이는 사회적인 복지 제공, 경제적 기회의 평등, 사회적인 포용성 등을 포함합니다. 또한, 다양한 정치적 및 사회적 이념을 조화시키려고 노력합니다. 자유주의적 원칙과 사회주의적 원칙을 조화시키는 것이죠.

사회민주주의는 사회주의의 원칙을 일부 채택하는데요. 예를 들면 정부의 개입과 사회적인 프로그램을 통해 경제의 부의 재분배를 추구하는 것을 주장합니다. 다만, 사회민주주의는 폭력이 아닌 평화적인 수단을 통해 사회적 변화를 이루려고 합니다. 정치적인 협상, 논의 및 투표 등의 방법이죠.

그래서 사회민주주의와 사회주의는 경제적 공정함을 추구한다는 점에서는 유사하지만 다른 정치적 이념 및 운동으로 구분됩니다.

사회민주주의에 대한 현대적 평가

사회민주주의는 현대 사회 및 정치 체제에서 널리 받아들여지고 있는 이념 중 하나입니다. 정치적 자유와 경제적 정의의 조화를 추구하며 경제적인 불평등을 최소화하고 사회적인 정의를 증진하는 것을 목표로 한다는 점에서 긍정적으로 평가됩니다. 특히, 자본주의의 시장 경제의 장점을 살리면서도 사회적인 취약 계층의 보호를 위해 정부 개입을 허용하는 것을 의미한다는 점에서 현실적인 사회주의로 평가받고 있습니다. 그러나 **한편으로는 사회민주주의도 결국엔 사회주의의 한 형태라는 점에서, 과도한 정부 개입과 재분배 정책으로 인해 경제적 자유와 경제 성장을 제약할 수 있다는 비판**도 있습니다. 그 국가가 처한 상황이나 맥락에 따라 사회민주주의가 불가능하기도 하다는 주장도 있지요. 여러분의 생각은 어떤가요?

chapter

III

자본주의와 자유

01
자유시장경제를 위한 자유

뗄 수 없는 경제와 정치

저는 사회정치철학을 아주 간단히 소개하기 위한 목적으로 이 책을 쓰고 있습니다. 그런데 왜 갑자기 아담 스미스일까요? 경제학자의 이론을 왜 소개하는 걸까요?

경제는 정치와 민주주의 시스템에서 굉장히 중요한 역할을 합니다. 경제적 자유는 정치적 자유와 별개일 수 없으며, 경제적 권력은 정치적 영향력과 상호작용합니다. 그래서, 시장 참여자의 경제적 자유는 시민으로서의 정치적 자유와 밀접하게 연관되죠.

"국부론(Wealth of Nations)"은 경제학에 관한 책이지만, 그 내용은 경제 분야에 국한되지 않습니다. 스미스는 자유 시장 경제가 정치적 자유와 밀접하게 연관되어 있다고 믿었는데요. 그는 **정부의 개입이 최**

소화되고 시장의 자율성이 보장될 때, 개인의 자유와 사회적 번영이 실현될 수 있다고 주장했습니다. 이는 자유 시장 경제의 이념이 민주주의와 자유주의의 근간이 될 수 있다는 것을 시사합니다.

그럼 자유시장경제의 본질이 무엇인지, 정치적 자유와는 어떻게 연결되는지 살펴보죠.

국부론의 핵심 내용

"국부론(An Inquiry into the Nature and Causes of the Wealth of Nations)"의 핵심 내용을 살펴보죠. 아마 전혀 새롭지 않을 내용일 겁니다. 이미 우리의 삶에서 체험하고 있는 내용이라서요.

애덤 스미스는 시장이 자유롭게 작동할 때 가장 효율적으로 자원이 할당되며 경제적 번영이 실현될 수 있다고 주장했습니다. 자유 시장 경제가 경제 활동을 조절하는데 있어서 정부 개입보다 효과적이라는 거죠. 또한, 분업과 전문화가 생산성을 높이고 경제적 번영을 이끌어낸다고 주장했는데요. 사람들이 자신의 전문 분야에 집중함으로써 생산성이 증가하고 생산 비용이 감소한다는 것을 의미합니다.

스미스는 **정부의 개입이 아니라 개인의 이기주의적 행동이 경제적 발전과 사회적 번영을 이끌어낼 수 있다**고 믿었습니다. 개인의 이익을 추구하면서 경쟁이 이루어짐으로써 시장은 자연스럽게 조절되며, 이는 효율적인 자원 할당과 경제 성장을 유도한다는 것을 의미합니다. 또한, 노동이 상품의 가치를 결정하는 주요 요소이기에 노동자의 노동력에 대한 공정한 보상이 경제적 정의를 구현하는 데 중요하다고도 했지요..

"국부론"은 현대 경제학의 기초를 다지고, 시장 경제의 원리를 이해하는 데 중요한 역할을 합니다. 그럼 우리는 자유시장경제를 정치적 자유 혹은 사회적 공정성이라는 관점으로 더 접근해봅시다.

자유시장이 추구하는 사회적 정의와 공정

자유 시장 경제는 추구하는 사회적 가치는 무엇일까요? 자유시장경제로 인해 얻을 수 있는 가치는 무엇이 있을까요?

자유 시장 경제는 개인의 자유와 자기결정권을 가능하게 합니다. 개인들은 자신의 경제적 상황을 자유롭게 선택하고 조절할 수 있으며, 자유로운 경쟁을 통해 자신의 노력과 역량에 따라 경제적 성공을 이룰 수 있죠.

또한 자유 시장은 개인의 자율성과 독립성을 존중합니다. 개인은 자신의 욕구와 가치에 따라 선택을 할 수 있으며, 정부나 타인의 간섭

없이 자신의 경제적인 삶을 조절할 수 있어야 합니다. **개인이 본인의 이기심 혹은 욕망대로 행동할 수 있는 자유가 자유시장을 가능하게 하는 근거 그 자체**이기 때문입니다. 자유시장의 존재는 개인의 자율성과 독립성을 근간으로 합니다.

또한 자유 시장에서 개인의 이기심은 시장 경제를 조절하고 자원을 효율적으로 할당하며, 이를 통해 사회적 발전과 번영을 이룰 수 있다고 주장했습니다. 물론, 사회적 번영은 국가와 개인이 추구할 만한 사회적 가치입니다. 개인의 이기심은 경쟁적인 시장에서 경제 활동을 유도하고 효율성을 촉진합니다. 공급자는 제품과 서비스를 개선하고 가격을 낮추기 위해 노력하고, 소비자들이 최상의 가치를 얻기 위해 선택을 하도록 독려하며 결과적으로 시장은 자원을 효율적으로 할당하고 경제적 번영을 이루는데 기여합니다.

자유시장과 자유주의

자유시장경제와 자유주의는 서로 밀접하게 연관되어 있습니다. 자유주의는 개인의 자유와 자기결정권을 강조하는데요, 자유시장경제는 개인의 경제적 자유를 보장하고 강화하는 방식으로 작동합니다. 또한 자유주의는 정부의 개입을 최소화하고 개인의 자유를 보장하는 것을 주장하며, 자유시장경제는 시장이 자율적으로 조절되어야 하고 정부의 개입은 최소화되어야 한다고 주장합니다. 즉 **자유시장경제는 자유주의적인 원칙을 경제 영역에 적용**하는 것으로 이해할 수 있습니다.

자유시장경제는 다양성의 가치도 추구합니다. 자유시장이 주장하는 경제적 자유가 다양한 기업과 개인이 시장에서 경쟁하고 혁신을 추구할 수 있는 환경을 조성하기 때문입니다. 개인의 이기심을 엔진으로 굴러가는 자유시장은 다양한 제품과 서비스의 제공을 촉진하고 소비자의 선택 폭을 넓힙니다.

그러나 자유시장경제가 모든 상황에서 완벽한 해결책을 제공하는 것은 아닙니다. 자유시장경제는 사회적 불평등을 초래하기도 하며, 이에 대한 균형을 맞추기 위해 정부는 규제 등의 방식으로 시장에 개입합니다. 사회적 약자의 자유나 권리를 위해서지요. 자유주의가 추구하는 것은 모두의 사회적, 경제적, 정치적 자유이기 때문입니다. 즉 **자유주의와 자유시장경제는 상호보완적으로, 개별적인 사례에 따라 상황에 맞게 조절되며 작동되고 있습니다.** 자유시장경제가 경제적 자유를 가능하게 하며, 자유시장의 부작용을 줄이기 위해 정부가 자유시장경제에 개입하는 식으로요.

자유시장경제의 보완점

자유시장경제는 많은 장점을 가지고 있지만, 동시에 비판점과 보완점도 존재합니다. 우리가 속해있는 체제이기 때문에, 사회적으로 늘 이슈인 사안이며 우리 모두에게 익숙한 주제일 겁니다. 각자 본인이 처한 상황에 따라 어느정도 해결방식에 대한 견해나 지향점이 있는 지점들일 거구요.

자유시장경제의 부작용 중 하나는 부의 집중화와 사회적 불평등입니다. 경제적 자유를 가진 사람들이 부의 증가를 추구하면서 부유층과 빈곤층 사이의 격차가 확대될 수 있습니다. 이로 인해 개인의 경제적 출발점에 따라 성공 여부가 크게 달라질 수 있어 기회가 공정하지 않다는 비판을 받습니다. 예를 들어, 부유한 가정에서 태어난 사람들은 더 많은 경제적 기회와 자본에 접근할 수 있으며, 이로 인해 빈곤한 출신의 사람들은 부의 사회적 이동성을 제한받을 수 있습니다. 또한 자유시장경제가 전제하는 완전한 시장과 달리, 외부성, 시장 실패, 정보 비대칭성 등의 요소로 인해 시장이 왜곡된다는 점도 비판점입니다.

이를 보완하기 위해 정부는 시장의 실패를 보완하고 사회적 공정성을 증진시키는 역할을 할 수 있습니다. 예를 들어, 재정 정책, 규제, 사회복지 프로그램 등을 통해 시장의 왜곡을 개선할 수 있습니다. 또한 부의 재분배는 정부에게 요구되어지는 기능 중 하나입니다. 그러나 어느 정도가 공정하고 타당한 부의 재분배인지에 대한 합의는 무척 어렵습니다. **부의 재분배가 누군가에게는 사유재산권과 공정성을 침해하는 정책일 수도 있으며, 경제적 효율성을 저해하는 문제를 낳을 수도 있기 때문**입니다.

02
자유시장경제에 의한 자유

자유를 위한 자유시장경제

인생의 결정권을 남에게 맡기고자 하는, 게으른 사람들이 큰 정부를 요구한다라는 말, 어떻게 생각하시나요?

단편적으로 축약하자면 '공산주의는 노예를 만들어낸다'라고 말한 사상가가 있습니다. 프리드리히 하이에크(Friedrich Hayek)인데요. 그는 20세기 중반의 유명한 경제학자이자 사회학자이며, 오스트리아 출신의 학자입니다. 자유시장경제와 자유주의에 대한 강력한 옹호자로서, 자유시장경제가 경제적 효율성과 개인의 자유를 증진시킬 수 있는 최상의 경제 체제임을 주장했죠. 그는 주요 저서 중 하나인 "노예의 길"에서 경제적 중앙집권주의, 사회주의와 공산주의를 강력히 비판했는데요.

경제체제가 개인의 정치적 자유와 어떻게 관련되었다고 주장했는지 한번 살펴보겠습니다.

경제적 중앙집권주의에 대한 강력한 비판

하이에크는 경제적 중앙집권주의를 강력하게 비판했습니다. 경제적 중앙집권주의는 개인이나 기업이 아닌 정부나 중앙 기관이 경제 활동을 통제하고 계획하는 체제를 가리킵니다. 정부나 중앙 기관이 경제적 의사 결정을 규제하거나 조정하며, 주로 사회주의나 공산주의 체제에서 찾을 수 있습니다.

그는 경제적 중앙집권주의가 개인의 자유를 제한하고 창의성을 억압한다고 봅니다. 이러한 체제에서는 정부나 중앙기관이 경제 활동을 통제하고 계획하기 때문에 개인의 경제적 선택과 자유가 제한될 수 있습니다. 또한 그는 **경쟁이 혁신을 촉진하고 자원의 효율적 할당을 유도하는 데 중요한 역할을 한다**고 주장했는데, 중앙집권주의에서는 경쟁이 제한되고 시장 메커니즘이 침체된다는 점을 비판했습니다. 정부나 **중앙기관이 정보를 제한적으로 활용하거나 효율적이지 않은 방식으로 자원을 할당하는 것은 경제적 효율성을 저해하는 것에 더해, 개인의 자유도 침해한다**고 주장했습니다.

이러한 이유들로 인해 하이에크는 경제적 중앙집권주의를 비판하고 자유 시장 경제를 옹호했습니다. 시장의 자율성과 경쟁이 경제적 발전과 개인의 자유를 증진시킬 수 있는 가장 효과적인 방법이라는 거지요.

개인주의와 자율성

하이에크는 개인주의를 중요한 가치로 간주했으며, 개인의 자유와 책임이 사회적 번영과 발전을 이루는 데 중요하다고 주장했습니다. 그는 **개인주의란 개인의 자유와 자율성을 중시하는 철학이며, 개인주의가 자유 시장 경제의 근간을 형성한다**고 봤습니다. 개인이 자유롭게 경제적 선택을 할 수 있고, 자신의 노력과 창의성을 통해 번영을 추구할 수 있어야 한다는 것이죠. 또한 **개인주의는 정치적인 측면에서도 중요하다고 봤는데, 개인의 의견 표현과 참여가 사회의 발전에 필수적이기 때문**입니다.

자율성을 매우 중요합니다. 자율성은 개인이 자신의 가치와 목표를 추구하고, 자유롭게 선택하며, 그에 따라 행동할 수 있는 능력을 의미하는데요. 경제적 자율성은 개인이 경제적인 선택을 자유롭게 할 수 있는 능력으로, 자유 시장 경제의 핵심이죠.

또한 정치적 자율성은 개인이 정치적 결정에 참여하고, 자신의 의견을 표현할 수 있는 능력을 의미합니다. 자신의 의견을 표현하고 실현할 수 있는 능력은 민주주의의 근간이기도 하죠.

하이에크는 사회적 자율성도 강조했습니다. 사회적 자율성은 개인이 사회적 관계에서 자유롭게 행동하고, 자신의 삶을 주도할 수 있는 능력을 의미합니다. 이는 사회가 다양성을 포용하고 개인의 자율성을 존중하는 자유로운 환경을 조성하는 것을 의미합니다.

즉 하이에크는 경제적 자율성, 정치적 자율성, 사회적 자율성이 발휘되는, 시장경제체제 및 민주주의와 다양성이 보장되는 사회를 주장하였습니다.

공산주의와 전체주의

프리드리히 하이에크는 전체주의(Totalitarianism)에 대해 매우 비판적인 입장을 취했습니다. 전체주의는 권력이 중앙 집중화되고, 국가나 당의 통제가 사회의 모든 측면을 지배하는 정치 체제를 의미합니다. 하이에크는 이러한 체제가 개인의 자유와 자율성을 획기적으로 제한하고, 인간의 존엄성을 부정한다고 비판했습니다. 개인의 자유를 압도하고, 권력이 개인의 삶과 생각을 완전히 통제한다는 것이죠. 이러한 이유로 하이에크는 전체주의를 개인의 자유와 번영을 위협하는 가장 위험한 정치 체제 중 하나로 간주했습니다.

그리고 하이에크는 **공산주의와 파시즘 사이에 유사성이 있음**을 지적했습니다. 공산주의와 파시즘은 모두 개인의 자유와 자율성을 제압하고, 중앙 집중화된 권력에 의해 통제되는 체제라는 공통된 특징을 공유한다는 것이죠..

더 나아가, 그는 공산주의가 결국엔 인간을 노예로 만든다고 주장했습니다. 공산주의 체제에서는 정부나 당이 모든 경제 및 사회적 결정을 내리므로, 개인의 자유로운 선택이나 의사 표현이 억압될 수 있다는 것이지요. 그는 이러한 **공산주의 체제가 개인의 자유와 삶의 방식을 결정하는 것이 노예와 유사하다**고 비유했습니다. 개인의 자유와 자율성이 획기적으로 제한되고 권력이 중앙집중화되어 있는 상황에서, 개인은 자신의 운명을 스스로 결정하지 못하고 타인의 지시에 따라야 한다는 점에서 노예라는 것이지요.

하이에크에 대한 비판

하이에크는 개인의 자유와 자율성 그리고 사회적 다양성을 중시했다는 점에서 중요한 시사점을 지닙니다.

그러나 그에 대한 비판도 존재합니다. 가장 먼저, 하이에크의 시장 중심의 경제 이론은 경제적 불평등의 증대를 초래한다는 비판을 받습니다. 또한 극단적인 시장 중심의 사고방식은 사회적 책임과 공공재에 대한 중요성을 강조하지 않는다는 비판이 있습니다. 전적으로 시장에 모든 것을 맡기고 정부의 역할을 극단적으로 축소시키면, 사회적으로 취약한 계층이나 환경보호와 같은 사회 문제에 대한 해결책이 부족할 수 있다는 우려가 제기됩니다.

또한 시장의 부작용을 우려하는 측에서는, 자유의 지나친 강조는 역설적으로 특정 계층의 자유를 침해할 수 있는 경우가 있다는 점을 비판합니다. 그의 이론은 자유와 경제 성과에 초점을 맞추기 때문에, 사회적으로 배려받지 못하는 개인들에 대한 관심이 충분하지 않다고 지적됩니다.

chapter

Ⅳ

자유주의와 개인주의

자유와 다양성

자유와 다양성이 사회의 진보와 번영을 이끈다

여러분은 한국 사회가 개인의 자유와 다양성이 충분히 존중되고 있다고 생각하시나요? 사회라는 게 너무 추상적이라면, 우리가 속한 조직을 생각해보죠. 회사일수도 있고, 가족모임일수도 있습니다. **개인의 위치나 직급 등에 따라 표현의 자유가 제약되나요? 아니면 누구나 동등하게 자신의 다른 의견을 표현하고, 그 의견이 동등하게 받아들여지나요?**

자유와 다양성의 중요성을 강조한 사상가가 있습니다. 존 스튜어트 밀인데요. 그는 개인의 자유와 자기결정권을 최대한 존중하면서, 다른 사람에게 해를 끼치지 않는 한에는 정부나 사회가 개입해서는 안 된다고 주장합니다. 개인의 자유와 사회적 다양성을 존중이 공공의 이익과 균형을 어떻게 맞추는지에 대해 얘기하면서요. 그는 **자유와 다양성 그리고 협력과 공존이 사회의 발전에 필수적**이라고 주장했지요. 종종 소수자의 권리 보장을 시혜적인 것으로 생각하는 관점도 있는데요, 이러한 관점에 밀은 정면으로 충돌합니다. **소수자의 권리 보장은 이미 먹고 살만한 사회가 시혜적으로 내려주는 것이 아니라, 소수자를 포함한 모든 개인의 권리 보장이 있어야만 사회가 번영할 수 있다**는 거죠.

개인적으로 저는 다양성의 가치를 매우 높게 삽니다. 특히 한국 사회에서 아주 부족한, 요구되어지는 가치 중 하나라고 생각해요. 유교 문화, 전국민의 대략 절반이 군대 문화를 경험하는 환경, 대입을 목표로 정량적인 기준으로 평가받는 청소년기 등을 특징으로 하는 한국 사회의 문화는 다양성의 가치가 부족하다는 것을 절실하게 느낍니다. 그리고 이 다양성 이해의 부족이 집단 여기저기에서 부작용으로 표출되고, 우울한 개인을 만들고 있다고 생각해요. 제가 다음 책을 쓴다면 이 다양성이 화두일지도 모르겠습니다.

이 얘기는 이쯤 하고, 밀의 사상을 더 살펴보죠.

다양성

밀은 다양성이 개인의 자유를 위해서, 그리고 사회의 진보를 위해서도 필요하다고 주장했습니다.

개인적 측면을 볼까요? 다양성은 개인의 자유와 창의성을 위한 기반입니다. 다양한 의견과 관점의 존중은 개인의 자유로운 사고와 표현의 권리를 보장하며, 새로운 아이디어와 창의적인 해결책의 발전을 촉진할 수 있습니다. 또한 다양성은 개인의 자기결정권을 증진시키는 데에도 도움이 됩니다. 다양한 선택지와 의견이 존중되고 위협받지 않을 때, 개인은 자신의 가치관과 욕구에 따라 다양한 선택을 할 수 있습니다. 즉 다양성의 보장은 개인이 자신의 삶을 더욱 의미 있게 살아갈 수 있도록 돕습니다.

다양성은 서로 다른 사람들과의 상호작용도 촉진합니다. 서로 다른 배경과 경험을 가진 사람들과의 만남은 서로를 이해하고 배우는 데 도움을 줍니다. 이는 개인의 성장과 발전을 촉진하며, 상호 존중과 이해를 증대시킵니다. 타인과의 상호작용은 나아가 사회에도 영향을 줍니다.

밀은 다양성이 새로운 아이디어와 혁신의 원천이라고 믿었습니다. 서로 다른 의견과 관점이 충돌하고 상호작용함으로써 사회는 새로운 아이디어를 발전시키고 진보할 수 있고, 이는 사회 구조와 제도의 개선을 촉진하며, 사회의 발전을 이끌어 갈 수 있는 역할을 할 수 있죠. 또한 밀은 다양성이 진리의 검증과 발견에 필수적이라고 주장했습니다. 다양한 의견이 충돌하고 논쟁을 거쳐야만 진리가 발견될 수 있다는 것입니다. 다양한 의견이 허용되고 존중되어야만 진리에 대한 이해가 더욱 풍부하고 깊어진다는 것이죠.

또한, 다양성은 소수자의 권리와 이해를 증진시키는 데도 필수적입니다. 다양성이 존중되고 지원되는 사회에서 소수자의 목소리가 들리고 그들의 권리가 보호될 가능성이 높아집니다. **다양성이 존중되지 않는 사회에서는 소수자의 목소리를 '다른 것'이 아닌 '틀린 것'으로 간주하죠. 다수의 전통이나 관습이라는 이유만으로 진리가 고정불변한 것으로 여겨지고 소수자의 새로운 혹은 이질적인 의견은 틀린 것으로 배척하는 사회는 발전하기가 어렵습니다.** 소수자의 자유와 권리는 그 자체로도 지향할 것이면서, 사회 발전이라는 효용성의 관점에서도 유용합니다.

타인의 자유를 침해하지 않는 한, 모두에게 자유를

밀은 자유를 말하며 해악의 원칙(Harm Principle)을 주장하는데요. 이 원칙은 개인의 자유를 제한하는 유일한 이유는 다른 사람에게 해를 끼치는 경우에만 허용된다는 것을 의미합니다. 다시 말해, 개인의 자유는 다른 사람에게 해를 주지 않는 한 제한되지 않아야 한다는 것입니다.

이 원칙은 개인의 자유와 권리를 보호하는 데 중요한 역할을 합니다. 다양한 의견이나 행동을 허용하되, 다른 사람에게 해를 주는 것은 제한되어야 한다는 것을 의미합니다. 이를 통해 사회는 개인의 자유를 최대한 보장하면서도 다른 사람의 권리와 이익을 보호할 수 있지요.

밀은 해악의 원칙으로 자유주의를 강조하면서도, 사회적 조화와 공공의 이익을 고려하는 것을 목표로 했습니다. 밀은 개인의 자유와 권리를 최대한 존중하며, 다른 사람에게 해를 끼치지 않는 한에는 정부나 사회의 개입을 제한해야 한다고 봤습니다.

밀은 왜 이런 주장을 했을까요? 밀이 살았던 19세기 영국은 자유와 권리가 소수자에게만 적용되거나, 특정 사회적 계층에만 보장되는 경우가 많았습니다. 밀은 이러한 상황에서 소수자의 자유와 권리를 보호하기 위해 해악의 원칙을 제시한 것입니다. **다른 사람에게 해를 주지 않는 한, 개인이 자유롭게 행동할 수 있어야 한다는 원칙을 강조함으로써, 소수자의 자유를 보호하고 사회적 차별을 줄이고자 한 것입니다.**

공공을 위한 언론의 자유

밀은 언론의 자유가 개인의 자유와 사회의 발전에 중요한 역할을 한다고 주장했는데요. 자유로운 언론은 다양한 의견과 관점을 제공하며, 시민들이 잘 생각하고 판단할 수 있도록 돕고 이는 사회적 논의와 진보를 촉진할 수 있습니다. 또한 언론의 자유는 정부의 횡포와 권력 남용을 제한하는 데 도움이 된다고 봤습니다. 언론이 자유롭게 운영될 때, 정부나 권력의 부당한 행동을 폭로하고 감시하는 역할을 할 수 있습니다. 이는 개인의 자유와 권리를 보호하고, 나아가 사회적 공정성을 유지하는 데 도움이 됩니다.

밀이 언론의 자유를 주장한 시대적 배경을 살펴볼까요?

19세기 영국은 언론이 종종 정부나 권력에 의해 탄압받거나 제한을 받았습니다. 정부는 특정 주제에 대한 보도나 의견을 제한하거나, 특정 신문을 금지하는 등의 방법을 통해 언론을 제어하려 했습니다. 또한 언론에 대한 법률로 언론의 활동을 제한하기도 했습니다. 그리고 정부는 비판적인 보도를 한 언론사나 저널리스트를 고소하거나 구속하는 등의 조치를 취할 수 있었죠.

이런 배경에서 정치적 자유에 더불어 사고와 표현의 자유에 대한 요구가 점차 커지며 언론의 역할과 중요성이 부각된 것입니다. 19세기 영국에서 일어난 산업화의 진전은 다양한 사회적 이슈와 의견을 불러일

으켰고, 언론은 다양성을 반영하고 시민들이 다양한 정보에 접근할 수 있도록 하는 역할을 수행해야 했거든요. 이는 당시 영국에서 자유주의 사상이 확산되던 것과 맞물리기도 했습니다. 자유주의는 개인의 권리와 자유가 정부나 권력의 횡포로부터 보호되어야 한다는 주장을 했죠.

표현의 자유

밀은 언론의 자유에 더불어, 개인의 표현의 자유도 주장했습니다. 비슷한 개념이지만 개인 측면을 강조하는 표현의 자유는 특히 다양성과 자유의 중요성을 강조하는 데 사용되는 개념입니다.

밀은 다양한 의견과 견해가 표현되고 수용되어야 한다고 주장했는데요. 앞서 말했듯, 다양성이 진리의 탐구를 촉진하고, 새로운 아이디어와 해결책을 발전시키는 데 중요하다고 봤기 때문입니다. 따라서 그는 모든 의견과 견해가 자유롭게 표현되어야 한다고 주장했습니다. 그리고 이를 위해서 정부가 표현의 자유에 대해 개입하는 것을 제한해야 한다고 주장했습니다. 타인의 자유에 해악을 끼치지 않는 한, 정부가 특정 의견을 제한하거나 억압하는 것은 지양되어야 한다는 것이죠.

물론 언론의 자유도, 표현의 자유도 맹목적인 것은 아닙니다. 해악의 원리에서 말했듯, 자유는 타인의 자유를 해치지 않는 선에서 가능하죠. 그러나 이 자유라는 것이 추상적이기 때문에, 표현의 자유는 사회적, 문화적, 정치적 맥락에서 고려되어야 하며, 다양한 이해관계자들 간의 균형과 타협이 필요합니다. 물론, 다양한 의견의 주고받음을 통해서요.

다수결의 맹점

다수결의 원칙은 흔히 민주주의를 실현하는 가장 좋은 방법으로 채택되곤 합니다. 그러나 다수결의 원칙은 민주주의를 위한 현실적이고 유용한 수단 중 하나인 것이지, 그 자체가 모든 것을 정당화할 수 있는 이상적으로 완벽한 방법은 아닙니다.

토론과 대화, 특히 소수자의 의견을 받아들이는 문화가 없는 조직에서는 다수결의 원칙이 절대적인 힘을 지닙니다. 제가 경험했던 교실의 이야기를 해보죠. 논의에 대한 태도나 소수자의 권리 등에 대한 인식이 다듬어지지 않은 학생들에게 다수결은 절대적입니다. **충분한 논의 없이 속전속결로 진행되는 다수결의 원칙은 '다수'라는 점에서 강력하며 소수자의 의견은 '소수'라는 점에서, 쪽수가 밀린다는 점에서, 완벽하게 차단되곤 하죠.**

개인의 자유와 다양성을 강조했던 밀 또한 다수결의 원칙을 보완하는 방법에 대해 언급했는데요. 물론, 밀은 다수결을 의사결정 과정에서 중요한 요소로 인식했습니다. 이 챕터에선 특별히 공리주의 사상을 다루지는 않지만, 공리주의자로서 밀은 당연히 다수결의 원칙에 우호적이었죠. 그는 다수의 의견이 사회적 합의를 이루는 데 기여하고, 다수의 목소리가 과반수의 의견을 반영함으로써 사회적 안정과 조화를 증진시킬 수 있다고 봤습니다.

그러나 밀은 다수결이 소수자의 권리와 자유를 무시하거나 침해하지 않도록 주의해야 함을 강조했습니다. **다수의 의견이 소수자의 인권과 자유를 허용하는 범위 내에서만 행해져야 한다**는 것이지요. 즉, 다수결의 품질적인 측면이 고려되어야 한다는 것인데요. 다수의 의견이 합리적이고 현명한 결정을 내리는 데 도움이 될 수 있지만, 한편으론 다수의 의견이 합리적이지 않거나 오류가 있을 가능성이 있음을 말했습니다.

그래서 다수결을 중요시하면서도 소수자의 보호와 합리적인 판단을 위한 추가적인 요소를 고려해야 한다는 입장을 취했는데요. 다수결이 소수자의 권리를 무시하거나 침해하지 않도록 보호하는 것이 중요하다고 강조했습니다. 이를 위해 헌법이나 법률을 통해 소수자의 인권과 자유를 보호하는 메커니즘을 구축하는 것이 필요하다고 주장했습니다. 정부는 다수결의 결과가 공공의 이익과 안녕을 위협할 경우에는 개입하여 보완할 수 있다는 것이죠.

또한 밀은 다수결 이전에 토론과 의논이 이루어져야 한다고 주장했습니다. 다양한 의견이 나오고 토론이 진행된 후에 다수결이 이루어져야 한다는 것입니다. 이를 통해 다수의 의견이 고려되고 합리적인 결정이 이루어질 수 있다고 봤습니다. 이를 위해선 다양한 소수의 의견도 안전하고 자유롭게 개진될 수 있는 풍토, 그런 의견들을 수용하는 태도 등이 필수적이겠죠.

이기기 하기 위해 하는 토론이 아니라, 듣고 이해하기 위해 하는 토의와 토론. 우리 사회 구성원 모두에게 필수적인 자질일 것입니다.

사회 진보를 위한 다양성과 포용성

밀의 사상은 현대 사회에도 시사하는 바가 큽니다. 특히 다양성과 포용성이 사회적 진보를 이루는 데 중요하다고 주장하는 점이 그러한데요. 현대 사회에서는 다양성과 포용성을 증진하기 위한 정책과 노력이 확대되고 있습니다. 다문화주의, 성소수자의 권리, 인종 간 평등 등은 중요한 이슈입니다.

누군가의 자유와 권리를 해치지 않는 선에서의 모두를 위한 다양성과 포용성을 위해, 저부터, 매일의 일상에서 제가 할 수 있는 것부터 실천해야겠다고 한번 더 생각하며 이번 장을 마칩니다.

민주주의를 위한 개인주의

민주주의의 역사

우리에게 너무 당연하게 받아들여지는 민주주의의 역사는 언제 시작됐을까요? 민주주의의 개념은 고대 그리스의 도시국가인 아테네에서 시민들이 직접 정치에 참여하는 시스템의 도입으로 시작됩니다. 그러나 이 시민권은 자유롭고 평등한 모든 사람들에게 적용되지 않았으며, 여성과 노예 등 일부 계층은 제외되었죠.

현대 민주주의의 개념은 18세기 후반부터 19세기 초기, 미국과 프랑스의 혁명을 통해 발전했는데요. 미국의 헌법은 개인의 자유와 권리를 보장하고 권력 분립과 균형을 강조했고, 프랑스 혁명은 인권과 자유를 선언하고, 불평등과 부의 불균형을 비판했습니다.

19세기 들어 다양한 나라에서 민주주의의 원칙이 점차 적용되기 시작합니다. 선거와 대표제, 자유와 권리의 보장, 법치주의의 강화 등의 민주주의적 원칙이 실현되었죠. 그리고 20세기, 제1차 세계 대전과 제2차 세계 대전 이후 민주주의가 전 세계로 확산되었습니다. 민주주의가 자유와 인권의 보장, 법치주의의 강화, 인종과 성별 평등 등의 목표를 달성하기 위한 노력의 중심이 되었습니다. 여전히 함께 노력하고 발전해 나가야 할 많은 과제들이 있지만, 민주주의는 자유, 평등, 인권을 실현하기 위한 중요한 정치 체제로 인정받고 있습니다.

현대 민주주의의 탄생, 미국 독립전쟁과 프랑스 혁명

미국의 민주주의는 미국 독립전쟁과 그 이후의 헌법제정에 의해 형성되었고, 프랑스의 민주주의는 프랑스 혁명을 중심으로 형성되었는데요.

미국 독립전쟁은 18세기 후반, 영국의 식민지로서 영국의 경제적, 정치적 통제를 받으며 일어난 갈등이 심화되면서 발생한 독립운동으로 시작됩니다. 주요 원인은 영국의 과세 정책과 부당한 대우였습니다. 미국 독립전쟁의 주요 목적은 영국의 통치에서 벗어나 자유와 독립을 얻는 것이었죠. 미국인들은 자유와 권리를 위해 투쟁했고, 미국 독립전쟁은 1783년의 파리 조약으로 종결되었습니다. 이로써 미국은 영국으로부터 독립을 선언하고, 미국 연방 헌법의 제정으로 민주주의를 수용하게 되었습니다.

프랑스 혁명은 18세기 후반, 재정난과 사회적 불평등으로 인해 불안정한 상황에 처해 국가의 재정 위기와 군사적 실패로 인해 권력에 대한 불신이 증폭되며 시작합니다. 귀족과 성직자들의 특권과 군주적인 통치에 대한 민중의 불만이 높아지며 프랑스 혁명이 일어난 것이죠. 프랑스 혁명의 주요 목적은 자유, 평등, 형제애를 실현하고 정치적, 사회적인 변화를 이루는 것으로, 민중들은 혁명을 통해 희망과 변화를 추구했어요.

민주주의가 시작된 미국, 군사 독재가 시작된 프랑스

영국으로부터 독립을 얻고, 자유를 확보하는 것이 목표였던 미국의 독립전쟁의 결과로, 미국은 민주주의와 자유를 강조하는 헌법을 제정하여 미국 연방 제정을 이루었습니다. 미국은 상대적으로 개방적이고 다양한 사회 구조를 갖고 있었어요. 독립운동은 대부분의 상위층과 중산층의 지지를 받았으며, 경제적인 이익과 자유를 추구하는 움직임이었습니다. 미국은 독립을 선언하고 민주주의를 수용하는 헌법을 제정하여 국가를 설립했습니다. 이로써 미국은 자유와 독립의 이상을 강조하는 민주주의와 법치주의를 강화하게 되었습니다.

프랑스 혁명은 귀족과 성직자들의 특권과 저층민의 억압에 반발하여 프랑스의 목표는 자유, 평등, 형제애를 선포하고 공화주의를 선언하여 현존하는 왕정을 근절하는 것이었는데요. 중앙 집중화된 국가 구조와 엄격한 사회적 계급 제도를 갖고 있었던 프랑스는, 혁명의 결과로 공화주의를 선포하고 귀족제와 왕정을 폐지하는 정치적 혁신을 만듭니다. 그러나 혁명의 혼란 시기에 나폴레옹이 등장하며 군사력에 의한 강력한 중앙집권체제가 시작되죠.

18세기 후반, 프랑스 혁명의 혼돈과 나폴레옹의 통치가 민주주의를 향한 불확실성과 독재의 위협을 야기하는 상황에서 프랑스의 정치인이자 역사학자인 토크빌은 프랑스의 정치적 혼란과 독재적인 통치에 대한 비판적인 시각을 갖게 됩니다.

당시 미국은 독립 이후로 다양한 민주주의적 제도와 가치를 구축하고 있었습니다. 미국은 상대적으로 안정적이며 자유로운 사회 구조를 갖추고 있었고, 정치적 자유와 권리를 보장하는 제도를 갖추고 있었습니다. 군사적인 독립전쟁과 민주적인 헌법 제정을 통해 형성된 미국의 민주주의는 자유와 권리를 중시하며 권력의 분산과 법치주의를 강조했죠. 비슷한 시기에 민주주의 운동이 있었으나 프랑스와 다른 결과를 만들어낸 미국의 민주주의에 대해 토크빌은 연구를 시작했습니다. 프랑스와 유럽의 민주주의에 대한 이해를 확장하고 발전시키기 위해서요.

개인주의의 가치

토크빌은 미국의 민주주의를 분석하며, 자유, 독립성, 그리고 개인의 책임에 대한 높은 가치가 민주주의 실현을 위해 필요하다고 주장했습니다. **자율성에 기반하여 개인이 자신의 목표를 달성하기 위해 노력하고 경쟁하는 개인주의적인 가치**는 미국의 민주주의에 깊이 뿌리를 두고 있으며, 개인의 자유와 권리를 보장하는 제도를 통해 이루어진다는 것이죠.

토크빌은, 이러한 **개인주의적 가치를 존중하고 보호해야 민주주의가 성숙할 수 있다**고 주장합니다. 미국의 민주주의는 개인의 자유와 권리를 보장하는 제도를 포함합니다. 미국인들은 개인의 자유와 독립성에 민감하지요. 그리고 이는 다시 민주주의의 성숙을 이끕니다.

개인주의적 성향은 단순한 이기주의나 타인에 대한 무관심을 의미하는 것은 아닙니다. 개인주의는 개인의 자유와 이익, 그리고 사회적 책임을 조화시키는 것을 목적으로 하죠. 미국의 민주주의는 개인의 사회적 참여와 역할을 촉진합니다. 토크빌은 미국인들이 시민으로서의 역할을 중요시하고, 정치적으로 참여하며, 지역사회와 국가 발전에 기여하려는 성향을 지니고 있다고 분석했습니다. 이러한 참여는 개인주의적 가치를 강화하고, 민주주의의 원칙을 실천하는 데 기여합니다.

미국은 다양성을 강조하고 존중하는 나라인데, 이는 개인주의적인 가치와 다시 맥을 같이합니다. 다양한 인종, 종교, 문화적 배경을 가진 사람들이 공존하며, **각자의 개인적인 목표와 가치를 추구할 수 있는 기회를 제공하는 사회가 보장하는 다양성과 자율성은, 민주주의가 개인의 자유와 사회적 책임 사이의 균형을 찾는 것을 도모한다**는 것이지요.

민주주의를 위한 자율과 책임

또한 토크빌은, 미국 사회를 분석하며 미국인들은 자신의 이익을 위해 개인적인 노력과 능력을 기반으로 행동하는 경향이 있다고 주장했습니다. **개인의 자유와 독립성을 중시하며, 자신의 운명을 스스로 통제하고자 하는 경향성**이 있는데 이는 미국인들이 자기 자신에게 대한 책임을 느끼고, 자신의 행동에 대한 결과에 대한 책임을 진다는 것을 의미한다는 것이지요.

그는 이러한 자율성이 미국의 민주주의에 중요한 요소로 작용한다고 보았습니다. 미국인들은 개인의 자유와 권리를 존중하고, 자율적으로 생각하고 선택할 수 있는 환경을 추구한다고 분석했습니다.

자율적으로 선택한 만큼, 자신의 행동에 대한 책임을 느끼고 이를 실천하는 경향을 지닌다고도 설명했습니다. **개인이 자율적으로 행동함에 따라 그에 따르는 책임도 개인에게 부여된다**는 것을 강조했습니다. 이러한 책임감은 미국의 민주주의가 성공적으로 발전할 수 있는데 중요한 역할을 한다고 토크빌은 이야기했습니다.

사회적 동등함

여러분, 여기 A와 B가 있습니다. 둘의 발언권은 동등한가요? 서로 상호 존대를 하는 것이 옳은가요? A와 B에 대해 추가적 정보를 드리겠습니다. A는 35살이고, B는 50살입니다. 상호 존대를 해야하나요? 아니면 한 쪽은 존대하지 않아도 괜찮은가요? 한쪽은 반말을 해도 괜찮다면, A가 B에게 반말을 하는 건 어떤가요? A는 사장이고, B는 직원입니다. A가 B에게 명절 보너스를 건네는 상황이네요. 이때는 어떤가요?

그럼 이 경우를 봅시다. C는 33살이고, 5년차 회사원입니다. 취준생활을 오래한 D가 후임으로 입사했네요. D는 35살인데 이제 2년차라고 합니다. 둘 중 누가 말을 놓고 누가 존대를 해야하나요? 아니면,

방금 제 질문이 애초에 이상하진 않나요?

그냥, 나이니 연차니 학력이니 재산이니 손윗사람이니 따지는 거 그만하고, 인간 대 인간으로 동등하게 상호 존중하는 건 어떨까요? 자기 밥벌이 알아서 하고 있는, 자율과 책임을 지니고 살고 있는, 25살의 김씨도, 42살의 박씨도, 68살의 최씨도요. **여기에서 굳이, 꼭 누군가는 아랫사람이 되고 하대 받아야 할까요?**

수직적 관계 속에서 상하관계를 드러내기 너무 쉬운 한국어의 특징, 그리고 한국의 유교문화를 고려했을 때, 나이나 상황적 관계와 무관하게 모두 동등하게 의사소통하는 것이 퍽 까다로워 보입니다. 존댓말과 비-존댓말이 모든 문장에서 드러난다는 것은 한국의 의사소통 문화와 대인 가치관에 결정적인 영향을 미치죠.

수평적이고 동등한 관계에 대한 인식은 분명, 유연한 소통과 민주주의에 도움이 된다는 것을 부정하기 어려울 것입니다. 같은 관계인데도 한국어로 소통할 때보다 영어로 소통할 때 그 사람과의 소통의 방식이나 관계에 대한 인식이 훨씬 유연해진다는 사람들도 많죠. 영어는 한국어만큼 모든 문장에 엄격한 위계질서를 드러내지 않으니까요.

토크빌은 민주주의에 이러한 사회적 동등함이 깊은 관련이 있음을 관찰했는데요. 그는 미국의 민주주의에서 사회적 동등성이 높은 것을 강조했습니다. 미국 사회에서는 사람들이 서로 다른 경제적, 사회적 배경을 가지고 있음에도 불구하고 상대적으로 더 동등하게 대우받았다는 거죠. 특히, 미국에서는 부유층과 가난층 사이의 격차가 상대적으로 작아지는 경향을 발견했습니다. 이를 토크빌은 '사회적 동등성'이라는 개념으로 표현하는데요.

토크빌은 **사회적 동등성이 민주주의의 핵심 가치 중 하나**라고 보았습니다. 그는 민주주의가 개인의 자유뿐만 아니라 사회적인 평등과 정의를 추구하는 것으로 이해했습니다. 사회적인 평등함과 자유 사이의 상호 작용이 민주주의의 건강한 발전을 촉진한다는 것이죠.

당시 유럽에서는 사회적 계급이 분명하게 존재하고 각 계급 간의 이동이 제한되는 반면, 미국에서는 사회적 계급이 유연하게 이동한다는 점에서 상대적으로 동등한 사회적 환경이 형성된다는 것인데요.

미국은 경제적 기회가 상대적으로 많기에, 이로 인해 사회적 이동성이 높아지고 다양한 사회적 계층이 상호 교류하고 혼합되는 경향을 보였습니다. 태어날 때 정해지는 요인보다 개인의 열심히 일하고 노력하는 능력이 경제적 성공에 더 큰 영향을 미친다는 분위기는 사회적 동등성을 촉진하는 요인으로 작용한다는 것이죠.

또한 토크빌은 미국의 민주주의 제도와 문화적 특성이 사회적 동등성을 지원하는데 기여한 것으로 보았습니다. 미국의 민주주의는 개인의 자유와 권리를 보장하면서 동시에 다양한 사회적 그룹의 이해관계를 조화시키는 제도를 갖추고 있었습니다. 이러한 제도는 사회적 차별을 감소시키고 모든 시민이 균등하게 대우받을 수 있는 기회를 제공하는 데 도움이 되었습니다.

즉, **계층이동의 자유와 사회적 동등성이 경제적 기회와 민주주의 제도의 결합으로 이루어졌으며, 이는 미국이 상대적으로 동등하고 공정한 사회적 환경을 형성하는 데 기여**했다는 것입니다.

개인주의와 집단주의

개인주의가 받아들여지는 사회에서 저출산을 장려하고자 하면 어떤 기조의 정책이 나올까요? **출산의 주체들이 자율적으로 출산과 양육을 선택할 만한 환경이나 제반시설을 제공**하고자 할 것입니다. 출산이 개인에게 선호되는 선택지가 되도록이요. 그렇다면 집단주의가 강조되는 사회에서 저출산을 장려하고자 하면 어떨까요? **집단의 이익을 위해 왜 출산이 필요한지를 강조하며 집단을 위한 선택을 요구**할 것입니다. 무엇이 더 효과적일까요? 그건 출산의 주체들이 어떤 가치관에 익숙한가에 따라 다르겠지요.

제가 보기에 한국은, 정책의 결정자와 출산의 주체가 익숙한 가치관이 다르다는 점도 계속 실효성 없는 정책이 나오는 것에 일조하는 것 같네요. 적어도 토크빌은, 민주주의 사회라면 개인주의와 자율이 뒷받침되는 기조의 정책이 마땅하다고 주장할 것 같습니다.

chapter

V

민주주의의 적

01
불안을 먹고 자라는 전체주의

전쟁과 전체주의의 20세기

여러분은 인간의 이성을 신뢰하시나요? 전쟁과 평화 중 인간다운 것은 무엇인가요? 평화가 인간다운 것이라면, 전쟁은 병리적인 현상입니다. 전쟁이 인간다운 것이라면, 평화를 위해 우리의 본성을 어떻게 다스릴지 세심한 접근이 필요하겠죠. 그리고 이러한 질문은 당연히도, 평화로운 때가 아니라 전쟁이 상흔을 남겼을 때 사회에 던져집니다.

두 차례의 세계대전과 무자비한 정치 체제 등을 겪으며 전쟁, 독재, 정치적 폭력과 같은 20세기의 중요한 정치적 문제들에 주목한 사람이 있습니다. 독일 태생의 정치 이론가이자 철학자인 한나 아렌트(Hannah Arendt)인데요.

아렌트는 두 차례의 세계 대전과 그 후의 경제적 우울, 사회적 불안으로 인해 발생한 정치적 혼란을 목격했습니다. 세계 대전은 인간의 이성과 정치적 질서에 대한 의문을 불러일으키고, 전체주의와 같은 극단적인 정치 체제의 등장을 촉발했습니다. 나치 독일과 스탈린의 소련과 같은 극단적인 독재 체제의 출현이 개인의 자유와 권리를 억압하고 집중된 권력을 통제하려는 시도로 인간의 삶에 대한 심각한 위협을 제공하는 것을 겪었죠.

집단주의

전체주의에 대해 살펴보기 전에, 그와 유사하지만 다른 개념인 집단주의에 대해 살펴보도록 하죠. 구체적으로 집단주의란 무엇이죠? 전체주의와 얼핏 유사한 개념으로 보이기도 합니다만, 분명 다른 개념입니다.

여러분. **집단의 목표를 위해 개인이 조금 희생하는 것은 미덕인가요, 죄악인가요?** 집단주의와 개인주의 중 여러분이 더 익숙한 사고관은 무엇인가요?

보통 유교 배경의 동아시아 문화권은 개인주의보다 집단주의 사고가 지배적이라는 평들이 있습니다. 모두가 통일된 메뉴를 시켜야 하는 관습, 계약된 퇴근 시간이 있어도 상사가 퇴근하지 않으면 혼자 정시에 퇴근하는 게 지양되는 문화 등 일상적으로 우리는 집단주의의 문화를 느낄 수 있습니다. 세대 갈등이 있는 주요 지점과도 동일하지요. 젊은 세대들은 상대적으로 개인주의 가치관이 크기 때문입니다. 그렇다면 전체주의와 집단주의는 어떤 관련성이 있을까요?

집단주의는 집단 내의 일원들이 **그룹의 동질성과 조화를 유지하기 위해 개인적인 의견이나 의견의 다양성을 억제하고 그룹 내에서 일치하는 의견에 동의하는 경향**을 말하는데요. 집단주의 가치관을 공유하는 일원들은 다양한 의견을 표현하는 것을 선호하지 않고, 그룹의 의사 결정에 빠르게 동의하려는 경향을 갖습니다. 즉, 집단주의는 그룹 내의 동질성과 조화를 강조하고, 그룹의 일원들이 그룹의 목표나 가치에 대해 공유된 이해와 동의를 유지하고자 하죠.

집단주의에서의 개인들은 자신의 의견을 표현하지 않습니다. 그룹의 리더나 권위자의 의견이 강조되고, 다른 일원들이 그 의견에 따르는 경향이 있죠. 물론, **모두가 집단주의 가치관을 받아들인다면 그 집단 내에서는 갈등이 일어나지 않습니다. 새로운 의견이 등장하지 않으니까요.** 그러니 **새로운 의견이 나타나면 집단주의 가치관이 지배하는 조직은 그 의견을 병리적인 현상으로 여기죠. 집단의 결속, 집단의 분위기를 흐린다고요.** 그러나, **의견의 다양성이 보장되지 않는 그 점 때문에 집단주의는 의사 결정과 문제 해결에서 오류의 가능성이 커집니**

다. 문제해결력은 낮아지죠. 집단주의 가치관이 우세한 한국에서, 개인의 다양성과 사상과 표현의 자유가 좀 더 존중되면 좋겠는 마음입니다.

전체주의의 개념

그럼 전체주의란 무엇일까요? 집단주의와 유사하게 들리기도 하지만, 뚜렷한 차이점이 있는 개념입니다.

전체주의(Totalitarianism)는 **독재 체제의 한 형태로, 권력이 절대적으로 집중되고 사회의 모든 측면이 철저하게 통제**되는 정치 체제를 가리킵니다. 대표적인 사례로 20세기의 독일의 나치 체제와 소련의 스탈린주의가 있죠.

전체주의는 종종 단일 정당이나 독재자에 의해 통치됩니다. 사회의 모든 영역이 규제되고 감시되며, 정치, 경제, 문화, 종교 등 모든 측면에서 국가의 통제 아래에 있습니다. 이념의 강제와 대량학살과 같은 폭력적인 수단을 통해 개인의 자유와 권리를 억압하며, 집단주의적인 사고를 장려하죠. 집단의 목표를 위해 개인의 자유와 권리는 무시당합니다. 개인의 사고와 표현의 자유, 그리고 인권을 침해하며, 사회적인 불평등과 불안정을 증가시킵니다. 그래서 전체주의는 존엄성과 자유를 억압한다는 점에서 인간의 자유와 종종 대립되는 의미로 사용됩니다.

전체주의와 집단주의

전체주의와 집단주의는 사회적통제가 작용한다는 점에서 일부 유사하지만 전체적으로는 다른 개념입니다.

전체주의는 권력이 한 개체나 단체에 절대적으로 집중되는 경향이 있으며, 사회적 통제력은 주로 법의 형태로 작용하는데요. 국가는 권력의 유지를 위해 정책을 만들고 사회의 모든 측면을 철저하게 통제하려는 경향이 있습니다. 집단주의에서는 문화적으로 그룹 내의 구성원들의 행동과 의견이 조절받지요. 구성원의 행동이나 표현을 제약하는 주체는 뚜렷한 권력자가 아니라, 대부분의 구성원들의 인식이기도 합니다.

또한 전체주의는 종종 개인의 자유와 권리를 억압하고 권위주의적인 통치를 실시합니다. 중앙 권력의 사상에 개인들의 사상을 일치시키려고 하죠. 집단주의에서도 개인의 의견이나 행동이 그룹의 동질성과 일치성을 유지하는 방향으로 암묵적인 관습이 작용될 수 있습니다. '일치'를 지향한다는 것이죠. 전체주의는 그룹의 목표에 대한 동의나 일치하는 의견을 강요하며, 집단주의에서는 그룹 내 구성원들이 자발적으로 다른 구성원들과 일치하는 의견을 주장하거나 동조 혹은 채택하려는 경향이 있습니다.

물론, 전체주의와 집단주의는 아주 다른 개념입니다. 집단주의 문화인 유교문화를 전체주의라고 말하진 않습니다. 한국에서 민주주의 정신에 위배되는 군부독재를 했다고 비판받는 박정희 정권조차 전체주의라고 일반적으로 평가되지 않으니까요. 일반적으로 전체주의는 그 자체로 개인의 자유를 억압한다는 것에서 '악'이라고 평가되나, 집단주의는 상황에 따라 효과적이고 타당한 문화로 해설되기도 합니다. 가령, 조직의 목표가 분명하고 구성원 모두가 그 목표에 대해 일치하는 생각을 가질 때, 집단주의는 효율적일 수도 있죠.

전체주의는 **권력이 한 개체나 단체에 절대적으로 집중**되며 일반적으로 독재자나 단일 정당에 의해 통치되지만 집단주의는 권력이 집단이나 집단의 의견에 집중됨을 의미합니다. 하나의 우두머리보단, 집단 전체의 경향성이 중요한 것이죠. 다수의 의견이나 집단의 이익이 개인의 이익보다 우선되는 사회적인 구조를 나타냅니다. 즉, **다수의 의견이라는 점에서 권력을 얻는 것**이죠.

전체주의는 국가가 사회의 모든 측면을 철저하게 통제하는 경향이 있습니다. 경제, 교육, 언론, 종교 등 다양한 영역에서 강력한 규제와 감시가 이루어집니다. 이에 비해 집단주의는 국가나 중앙 집권력에 의한 통제보다는 사회적인 집단이나 집단 간의 규범과 관습에 의해 통제되는 경향이 있습니다. 규범과 관습이 개인의 자유나 권리보다 강조됩니다. 또한 전체주의가 종종 특정한 이념이나 이데올로기를 제도 등의 방법으로 강제로 실시하는 것에 비해 집단주의는 개인들이 집단의 가치와 신념을 자발적으로 받아들이는 경향이 있습니다.

공동의 목표를 추진하기 위해서는 집단주의적 사고가 효율적이기도 합니다. 그러나 어느정도 경제발전 단계에 오른 지금, 우리에게 필요한 건 집단주의적 사고보다는 개인주의적 사고의 강화가 아닐까 싶습니다. 물론, 개인주의는 자율과 함께 책임의 미덕도 강조하고요.

불안이 만드는 전체주의

제1차 세계 대전은 유럽 사회에 엄청난 파장을 일으켰으며, 이로 인해 사회적인 불안과 불안정이 증가했습니다. 수많은 사람들을 희생시키고 많은 가정을 파괴해서 많은 사람들이 가족이나 친구들을 잃었고, 신체 및 정신적으로 큰 고통을 겪었죠. 이러한 정신적인 충격은 사회 전반에 걸쳐 불안정성을 증가시켰습니다.

또한 전쟁은 경제적인 불안정과 실업을 촉발했습니다. 전쟁의 결과로 많은 기업과 공장이 파괴되며 수많은 사람들이 실업에 처하고 생계 유지에 어려움을 겪었습니다. 한나 아렌트는 이런 경제적 불안정과 사회적 불안정이 전체주의의 부상에 중요한 영향을 미쳤다고 여기는데요.

경제적 불안정은 사회의 균형을 동요시키며, 사회의 이성과 안정성에 대한 불신을 조성합니다. 이러한 상황은 극단주의적인 이념이 더욱 강력하게 들어날 수 있는 토양을 만들어냅니다. 경제적 불안정이 높아지면 정부는 국가의 규모를 확대하여 사회적 안정을 유지하려고 하고, 불안정한 상황에 놓인 국민들은 이것을 용인할 가능성이 높아지죠. 예를 들어, 무력을 강화해서 어려움을 겪는 국민을 지원하겠다는 정부에 표를 던질 가능성이 높아집니다. 이는 후에 전체주의적인 정치 체제를 성립하는 데 기여할 수 있죠.

사회적 불안정은 사회의 기초적인 가치와 제도에 대한 불신을 조성하며, 사회적인 불평등과 불만을 촉발합니다. 아렌트에 따르면 사회적 불안정은 전체주의적인 이념이 희생양을 찾고 권력을 확장하려는 시도로 이어질 수 있다는 것인데요. 사회적 불안은 사람들이 안정성과 안전을 찾게 만들고, 이에 따라 극단적인 해결책을 찾으려는 욕구를 자극합니다. 그런 맥락에서 **국민들은 불안정한 상황에서 강력한 리더십을 바라보며, 이에 따라 권력자들은 더욱 강력한 통제와 지도력을 행사하고자 하죠.**

아렌트는 이러한 매커니즘으로 경제적 불안정과 사회적 불안정이 전체주의의 등장과 확산을 촉진하는 주요한 요인이라고 해석합니다.

나치 정권

전체주의의 대표적인 사례인 나치 정권에 대해 살펴보죠. 나치 정권은 나치당(독일 노동자당)이 독일을 지배한 독재정부를 가리킵니다. 1933년부터 1945년까지 아돌프 히틀러를 중심으로 히틀러와 그의 독재적인 지도자들에 의해 통치된 이 독재 정부는 제2차 세계 대전의 주요한 쟁점 중 하나였으며, 독일의 극우 정치적인 이념과 독재주의를 대표합니다.

아렌트는 나치 정권의 부상과 성장에 경제적인 불안정성이 큰 영향을 끼쳤다고 분석했습니다. 제1차 세계 대전 이후 독일은 심각한 경제적 어려움과 실업률 상승으로 고통받았으며, 이에 따라 사회적 불안정이 증가했고, 이러한 상황은 나치 당이 국가의 안정과 경제적 번영을 회복할 수 있는 대안으로 부상하는 데 영향을 미쳤다는 것이죠.

제1차 세계 대전 이후 독일의 많은 사람들이 국가의 혼란과 불안을 걱정하는 상황에서 히틀러는 대중들에게 독일의 영광과 위대함을 회복할 것이라고 약속하며, 그들의 지지를 얻었습니다. 인플레이션과 실업률이 상승하며 많은 사람들이 경제적으로 고통받는 상황에서 나치당은 경제적인 안정과 발전을 약속했죠.

그리고 제1차 세계대전 패배 후 국가적인 자부심과 자긍심이 상실된 상황에서, 나치당은 독일의 국가적인 위상을 회복하고 국가주의적 가치를 회복하겠다고 합니다. 독일의 국제적인 영향력을 회복하고 조국을 수호하기 위한 강력한 외교 정책을 약속했는데 이게 당시 독일 사람들의 국제적인 자긍심과 안보를 회복하고자 하는 욕구와 잘 맞아떨어진 것입니다. 강력한 리더십과 카리스마를 지니고 있던 히틀러의 연설은 독일 사람들에게 희망과 안정을 제공하는 것으로 비춰졌죠. 이러한 이유들로 나치당은 독일 사회에서 지지를 받아서 히틀러가 독재자로서 독일을 지배하게 되었습니다.

나치 정권은 독일의 전면적인 국가주의를 시행했습니다. 이는 국가가 모든 측면에서 개인의 삶을 통제하고 감시하는 것을 의미했습니다. 또한 나치 정권은 유대인을 비롯한 다양한 소수 그룹들에 대한 인종적 박해와 대량학살을 수행했습니다. 유대인들은 제국의 이념에 따라 "비순수"로 여겨져 대량 학살의 대상이 되었죠. 반대파와 이념적으로 "비순수한" 개인들을 타깃으로 한 정치적 학살은 독일 내에서의 반대세력을 억압하고, 나치 정부의 권력을 강화하는 데 사용되었습니다. 잔인하고 포악한 정책과 행동으로 악명을 떨친 나치 정권은 제2차 세계 대전의 주요 참전국 중 하나로서 전쟁에 참여하고, 1945년에 제국이 패배하고 히틀러는 자살하며 붕괴되었습니다.

스탈린 정권

스탈린 정권은 소련의 지도자인 조셉 스탈린이 절대적인 통치력을 행사하며 시행한 독재적인 정치 체제를 의미합니다. 아렌트는 스탈린 정권의 등장은 소련 내부의 경제적인 변화와 관련이 있다고 주장했는데요. 소련은 제1차 세계대전과 러시아 내전으로 경제가 파탄된 상황이었죠. 레닌의 '종합계획 경제'도 생산성을 향상시키지 못했었고요. 파탄된 경제와 사회 구조로 인해 인플레이션과 실업률 상승 등의 경제적 어려움이 발생했고, 사회적 불만과 혼란이 증가했습니다.

이런 상황에서 스탈린은 어떻게 소련 내에서 광범위한 지지를 받았을까요?

레닌의 사망 후 경제적인 불안정과 사회적인 불안이 높아진 소련에서, 사람들은 국가적인 안정과 질서를 필요로 했습니다. 스탈린은 국가의 안정화를 약속했고, 이에 따라 일부 사람들은 그를 지지했습니다. 또한 그의 강력한 리더십 스타일은 많은 사람들에게 강력한 인상을 주었죠. 이러한 이유들로 스탈린은 초기에 많은 지지를 받았으며, 그의 지배는 국가적인 안정과 경제적인 발전을 약속하는 것으로 여겨졌습니다.

스탈린은 스탈린은 소련을 산업화시키기 위한 대규모의 계획을 실행했습니다. 이러한 과정에서 농경지 집단화와 산업 분야의 강제 노동이 이뤄졌으며, 수많은 인명과 인권 침해가 발생했습니다. 게다가 자신의 권력을 유지하기 위해 반대파와 이들을 지지하는 모든 사람들을 탄압하고 정치적인 억압을 가했습니다. 또한 대량 학살, 강제 수용소, 정치적인 억압 등의 수단을 사용하여 자신의 목적을 달성했습니다. 심지어 강력한 중앙집권적인 계획경제는 생산적이지도 않았습니다. 시간이 지남에 따라 그의 독재적인 통치와 정치적인 억압에 대한 반발과 비판이 높아지게 되었죠.

불안함이 먹고 자라는 전체주의

나치 정권과 스탈린 정권 배경이나 각자 지향하는 이념은 달랐지만, 발생 과정에서 공통적인 것이 있습니다. 사회적 불안과 경제적 어려움입니다. 아렌트는 전체주의의 발생과정에서 사회적 불안과 경제적 어려움이 중요한 역할을 한다고 주장했는데요. **사회경제적인 불안함은 개인들이 불안감을 해소하기 위해 강력한 리더십과 권위에 의존하게 합니다.** 그리고 전체주의 정권은 이런 개인들의 불안감을 잘 이용하죠. 본인의 정권이 강력한 리더십으로 그 불안을 해소해줄 수 있다고 선전합니다.

사회적 분열과 민족주의

여러분은 민족주의에 대해 어떻게 생각하시나요? 한국인은 한 민족인가요? 같은 민족에게 더 우호성을 느끼나요? **나와 같은 민족인 사람과 다른 민족인 사람이 있을 때, 같은 민족인 사람에게 호의를 베풀어주는 것은 미덕인가요, 혹은 일종의 배타심과 차별적 행위인가요?**

아렌트는 민족주의가 사회적 분열을 야기하고 민주주의와 인간의 자유를 위협한다고 주장했는데요. 민족주의는 특정 민족이 다른 민족에 비해 우월하다고 여기는 이념으로, 종종 강력한 차별과 적대감을 초래합니다. 민족주의는 종종 국가의 이익을 위해 강조되고 정당화되곤 합니다. 민족주의는 인간의 본성적인 욕망과 선입견에 근거하지만, **본능이라는 것이 모든 것을 정당화하는 근거가 될 수는 없습니다.** 타인에게 위협이 되고 민주주의를 해치는 본능적인 경향성이라면 교정되어야겠지요.

아렌트는 나치 독일이 민족주의를 이용하여 권력을 확장하고 국가의 이익을 위해 폭력과 차별을 정당화하는데 이용했다고 주장했습니다. 민족주의가 전체주의의 한 형태로 발전할 수 있다는 것이지요. 민족주의는 전체주의적인 사회 구조의 발전을 촉진하고, 다양성과 통합을 방해하며, 다른 집단에 대한 인식을 왜곡시킵니다. **민족주의는 이분법적으로 나와 타집단을 선과 악으로 가르고, 객관적으로 우리 사회**

를 돌아보지 못하게 합니다. 여기에 제지를 거는 개인의 의견은 쉽게 묵살하죠. '너 누구 편이냐? 우리 민족 아니냐?'라는 사회적 압력으로요.

아렌트는 사회적인 분열과 민족주의를 극복하고, 보다 평화롭고 자유로운 세상을 만들기 위해 상호 이해와 공존을 증진하고, 인권과 자유를 보호하는 방안을 모색해야함을 주장합니다. 그녀의 경고는 현대 사회에서 민주주의와 인권을 보호하고 지키는 데 큰 영향을 미치고 있습니다.

02
그 진리가 틀렸다고 말할 수 있는 사회

극단주의에서 자유를 지키기 위해

여러분은 **상사나 나이 많은 사람의 의견에 불일치하는 생각을 가질 때, 상사에게 반박할 수 있나요? 혹은, 나보다 어리거나 경력이 짧은 사람이 내 주장에 반박할 때, 받아들일 수 있나요? 아니면 무례하다고 생각이 되나요?**

자유로운 의사소통을 중요시한 철학자가 있습니다. 칼 포퍼인데요. 칼 포퍼(Karl Popper)는 극단적인 이념과 체제 간의 충돌이 심각하던 20세기 초반부터 후반을 살았던 철학자이자 과학철학자입니다. 그가 사는 동안 두 차례의 세계 대전이 발발했고, 전체주의, 나치주의, 공산주의 등의 이념이 부상하면서 자유와 개방성을 추구하는 사람들은 이러한 극단적인 이념들에 대해 충격을 먹고 반발했죠. 당대 지식인이자 유대인이었던 포퍼도 커다란 충격을 받았고요.

이러한 사회적 상황에서 포퍼는 개방된 사회와 열린 사상의 중요성을 강조했는데요. 그는 엘리트주의와 폐쇄성에 대항하며, 자유와 다양성을 존중하는 사회의 필요성을 강조했습니다. 그가 생각한 개방된 사회란 무엇인지, 개방된 사회를 방해하는 것은 무엇인지 살펴보도록 하죠.

과학적 방법론과 거부 가능성의 원리

포퍼는 20세기 가장 영향력 있는 과학 철학자 중 하나이면서, 정치경제 분야의 교수이기도 했죠. 사뭇 달라보이는 분과인데, 이게 어떻게 가능했을까요? 먼저, 그의 중요한 개념인 "과학적 방법론과 거부 가능성의 원리"를 확인해볼게요. 이는 "가설을 통한 거부" 또는 "거부 가능성의 원리"(Principle of Falsifiability)로도 알려져 있는데요. 이 개념은 과학적 이론이 진리를 입증하는 것이 아니라, 반박 가능한지 여부에 따라 그 가치를 평가해야 한다는 것을 강조합니다. 다르게 말하면, **반박 가능한 이론이어야 과학적이라는 것입니다.**

포퍼에 따르면, 과학적 이론은 반박 가능해야 합니다. 즉, 그 이론이 실험이나 관찰을 통해 거부될 수 있는 가능성이 있어야 한다는 것입니다. 예를 들어, "모든 새는 날 수 있다"는 이론은 반박 가능합니다. 하나의 새라도 날지 못하는 것을 발견하면 이 이론은 거부될 수 있습니다. 그러나 "새는 신이 만들었다"는 실험이나 관찰을 통해 거부될 가능성이 없기에, 과학적 이론이 아니라는 거지요.

민주주의를 위한 거부 가능성

포퍼가 거부 가능성의 원리를 중요하게 생각한 이유는 당시의 사회적 배경과 밀접한 연관이 있습니다. 포퍼가 활동한 시대는 20세기 초기부터 후반까지의 기간으로, 이는 과학적 혁명과 사회적 변화가 가속화된 시기였습니다.

20세기 초반, 과학은 급격한 발전을 이루며 불확실성과 논란도 증가했는데요. 포퍼는 **신뢰성을 높이기 위해 역설적으로 과학적 이론은 반박 가능해야 한다**고 주장했습니다. 이는 과학적 진실을 검증하기 위해 필수적인 원리로 간주되었죠. 이념 간의 갈등과 정치적 긴장이 높은 20세기, 전체주의와 공산주의 등의 이념적 충돌은 과학의 중립성과 신뢰성을 중요한 화두로 만들었습니다. 거부 가능성의 원리는 과학의 중립성을 강화하고 이러한 정치적 갈등에서 과학을 보호하는 데 기여했죠.

포퍼는 자유주의적인 사상을 지지했고, 이를 바탕으로 열린 사회의 중요성을 강조했습니다. 거부 가능성의 원리는 과학사에만 유효한 개념으로 제한되지 않았습니다. 거부 가능성의 원리는 다양한 의견과 신념을 존중하고 토론을 촉진함으로써 개방적인 사회를 구축하는 데 도움이 되었습니다. 거부 가능성의 원리는 민주주의에서도 매우 유용한데요.

민주주의는 다양한 의견과 관점을 존중하고 토론의 자유를 보장하는 정치 체제입니다. 거부 가능성의 원리는 이러한 다양성과 토론의 중요성을 강조할 수 있죠. 포퍼는 **모든 이론과 주장이 반박 가능해야 하며, 이를 통해 토론과 비판적 사고가 활발히 이루어질 수 있다**고 봤죠. 과학적 방법론을 민주주의에 적용해볼까요? 과학은 가설을 통한 거부를 통해 지식을 발전시키고, 잘못된 이론을 개선하는 과정을 거칩니다. 마찬가지로, **민주주의는 다양한 정치적 견해를 허용하고, 권력의 분산이 가능하게 하는 비판과 토론을 통해 진보**할 수 있습니다. 거부 가능성의 원리는 권력의 분산과 자유의 보장에도 연결됩니다. 민주주의는 권력의 집중을 피하고, 다양한 이해관계를 존중하여 모든 시민의 의견이 들어날 수 있는 환경을 조성해야 합니다. **거부 가능성의 원리는 권력의 남용을 방지하고, 개인의 자유를 보호하는데 기여**합니다.

정리해보면, 거부 가능성의 원리는 민주주의에서 다양성과 토론의 자유를 존중하며, 권력의 분산과 자유의 보장을 지향할 수 있었습니다.

이를 위해 포퍼는 '열린 세계'라는 개념을 말하는데요. 열린 세계란 자유와 개방성을 갖춘 사회로, 개인의 자유, 다양성, 비판적 사고, 그리고 사회적 허용을 강조합니다. 열린 세계는 사람들이 다양한 생각과 신념을 가지며, 자유롭게 표현하고 공유할 수 있는 환경을 제공합니다. 이는 다양성을 존중하고 포용하는 사회적 분위기를 조성합니다. 또한 비판적 사고가 장려되며, 사람들은 서로 다른 의견에 대해 열린 마음으로 토론하고 논의할 수 있습니다. 이는 진보와 혁신을 이끌어내는 중요한 요소로 간주됩니다. 차별과 배타를 허용하지 않으며, 다양한 사회적 집단과 개인들을 포용합니다. 이는 다양성을 존중하고 모든 사람들에게 기회와 권리를 보장하는 데 중요한 역할을 합니다.

포퍼는 열린 사회에서 인간의 발전과 진보를 이룰 수 있다고 주장한 것입니다.

마르크스주의 비판

거부 가능성의 원리에 따르면 "새는 신이 만들었다"는 과학적이지 않죠. 애초에 검증할 수 없는 것이니까요. 옳다 그르다를 떠나서, 애초에 과학적이지 않다는 것입니다. 과학적이지 않으니 옳다 그르다 할 것도 없는 거죠. 그렇다면 이것을 옳다고 주장할 수 없어지겠죠. 이런 맥락에서, 칼 포퍼는 공산주의를 비판했는데요. 공산주의는 자신의 이론이나 정책을 거부하거나 비판할 수 있는 여지를 제공하지 않는, '닫힌 체계'라는 것이지요.

따라서 그는 공산주의를 과학적이지 않은 이데올로기로 보았으며, 과학적인 비판과 개방성이 부족하다고 비판했습니다. 그는 과학의 자유로운 탐구와 비판적 사고가 사회와 정치에도 적용되어야 한다고 주장하며, 그렇지 않은 이데올로기는 진보와 혁신을 방해할 수 있다고 보았으니까요.

포퍼는 공산주의 체제가 개인의 자유를 제한하고 권리를 억압한다고 비판했습니다. 공산주의 국가에서는 국가가 모든 산업과 생산수단을 통제하고, 개인의 경제적 자유와 선택권을 제한합니다. 이는 포퍼가 추구하는 열린 사회의 가치와 대조적입니다. 또한 그는 공산주의 체제가 다양성을 억압하고, 개인의 차별을 유발한다는 점을 비판했습니다. 공산주의 국가는 당국이 개인의 생각과 행동을 통제하고, 다른 의견을 가진 사람들을 억압하며, 종교적 또는 정치적 신념에 대한 자유를 제한한다는 것이죠.

자유로운 토론과 다양한 의견의 존중이 사회적 진보와 발전을 이루는 데 필수적이라고 보았던 포퍼는, 이런 가치가 묵살되는 공산주의 체제는 사회적 발전에 역행한다고 본 것이죠.

민주주의를 위협하는 닫힌 사회, 전체주의와 독재

칼 포퍼가 말하는 '닫힌 사회'는 개인의 자유와 다양성이 억압되고, 비판적 사고와 토론의 자유가 제한되는 사회를 가리킵니다. 이는 전체주의나 독재주의와 같은 체제에서 주로 나타납니다. '닫힌 사회'는 개인의 생각과 표현이 통제되며, 다른 의견이나 신념을 허용하지 않습니다. 이러한 사회에서는 권력이 중앙집중화되고, 국가나 당의 이념이 개인의 삶을 지배합니다. 자신들의 권위를 유지하기 위해 자유로운 토론과 다양한 의견을 탄압하고, 또한 사회적 이념에 대한 포용을 거부하죠. 비판적 사고와 자유로운 토론이 억압되며, 다양한 의견이 소각되고 탄압됩니다. 포퍼가 주장하는 열린 사회의 가치와 대조적입니다.

포퍼는 과학적 방법론과 비판적 사고의 가치를 강조하면서 과학적인 이론은 반박 가능해야 하며, 토론과 비판을 통해 발전해야 한다고 주장했던 사람입니다. 독재주의나 전체주의는 자신들의 권위를 유지하기 위해 비판을 억압하고, 진실을 왜곡하기에 열린 사회와 과학적 진리를 방해하는 요소라는 거지요.

사회적 폐쇄성의 위험성

사회적 폐쇄성이란, 사회 내에서 일어나는 다양한 형태의 제한과 배제를 가리킵니다. 주로, 특정한 사회적 그룹이나 계층이 다른 그룹이나 개인의 참여나 기회를 제한하고, 통제하는 형태로 나타나죠.

예를 들면 특정한 경제적 계층이나 그룹이 다른 개인들의 경제적 기회를 제한하고, 자본과 자원의 분배에 대한 통제력을 획득하거나, 정치적 그룹이나 권력자들이 다른 시민들의 정치적 참여와 의사결정에 대한 권리를 제한하고 통제하는 것이죠. 혹은 특정한 문화적인 그룹이나 세대가 다른 문화나 인종, 종교 등의 다양성을 배제하거나 차별할 수 있죠.

포퍼는 이러한 사회적 폐쇄성이 열린 사회와 다양성, 자유, 공정한 기회를 방해한다고 보았습니다.

사회적 폐쇄성이 강화되면 특정 사회적 그룹이나 계층이 특권을 획득하고, 다른 사람들의 기회를 제한하며 개인의 발전과 사회적 진보를 방해한다는 것이죠. 사회적 폐쇄성은 다양성을 억압하고, 토론과 비판적 사고의 자유를 제한합니다. 그럼 특정 이념이나 그룹의 의견이 우세해지며, 다른 의견이 억압되고 배척되는 결과를 초래할 수 있습니다. 열린 사회의 가치와 대조되죠.

절대불변의 진리는 없다

고정 진리란 절대적이고 변하지 않는 진리를 의미합니다. 여러분은 세상에 고정 진리가 존재한다고 생각하시나요? 다음 진술들은 어떤가요? '제3의 성은 존재하지 않는다', '살인은 나쁘다', '힘은 질량 곱하기 가속도이다'. 애초에 과학적이지 않은 진술도 포함되어 있네요. 그렇다면 과학적인 진술만이 고정 진리라고 생각하시나요?

포퍼는 고정 진리에 대한 개념을 부정하는 입장을 취했습니다. 그는 과학적인 이론과 지식이 절대적이거나 고정된 것이 아니라 상대적이며 변화하는 것으로 보았죠. 과학이 획기적으로 발전하고 과학과 공학이 돈이 되는 사회에서, '그거 과학이야'라는 문장은 진리임을 보장하는 말처럼 쓰이곤 하는데요. 과학철학자가 과학의 진리성을 부정했다니 의아합니다.

고정 진리에 대한 믿음은 한 번 발견된 지식이나 이론이 영원히 참된 것으로 남아있는 것으로 여기는 것을 의미하는데요. 포퍼는 이러한 관점은 과학적 발견과 지식의 발전을 제약하고, 새로운 아이디어나 증거를 받아들이기 어렵게 만들 수 있다고 말합니다. 과학의 발전과정에서 이론이나 지식은 끊임없이 수정되고 발전해야 한다는 거죠. 그는 과학적 방법론을 통해 **우리가 세상을 이해하고 설명하는 과정에서 지식의 임시성과 상대성을 인정**했습니다. 그래서, 고정 진리에 대한 믿음을 부정하고, 대신에 비판적 사고와 열린 토론을 통해 지식을 발전시켜야 한다는 것이지요. 인간의 지식은 끊임없이 발전하고 수정되어야 한다고요.

우리가 **교과서에서 배운 것들, 역사적인 해설과 과학적인 이론들, 모두 고정불변한 절대 진리가 아니라는 것입니다. 우리가 당연하게 믿어온 것, 당연하지 않을 수 있다는 것이지요.**

우리가 세상을 이해하고 설명하는 과정에서 끊임없는 검증과 수정이 이루어져야 합니다. 포퍼는 과학을 말했으나, 어디 과학만인가요. 사회학도 그렇지요. 사회학이 사회'과학'을 지향한다면 더더욱이요. 사회학은 왜 사회'과학'을 지향하는 걸까요? 과학적 방법론이라는 게 무엇인가요?

포퍼는 과학은 현재의 지식을 임시적인 것으로 간주하고, 새로운 증거나 실험 결과에 따라 이를 수정하고 발전시켜야 한다고 주장했는데요. 이러한 과학의 방법론은 고정된 진리나 절대적인 지식의 존재를 부정하며, 상대적이고 진화하는 성격의 지식을 인정하는 것을 의미합니다.

인간의 지식은 사회적, 문화적, 개인적인 배경에 따라 영향을 받으며, 이에 따라 개인의 관점과 해석이 다를 수 있습니다. 따라서 고정된 진리에 대한 믿음을 강조하기보다는 비판적 사고와 열린 토론을 통해 지식을 발전시키는 게 필요합니다. **과학도, 역사도, 모든 지식과 진술**

에는 관점이 들어갑니다. 관점과 무관한 진리란 있을 수가 없습니다. 가장 과학적이고 객관적이라고 여겨지는 과학조차 그러니, 사회 사상들, 역사적 해설들은 얼마나 관점에 따라 달리 진술될까요. 우리가 역사적 사실들을 여러 관점에서 접근해봐야 하는 이유입니다.

고정 진리에 대한 믿음은 다양성과 개인의 의견을 억압하고, 토론과 비판적 사고를 방해할 수 있다는점에서 위험합니다. 만약 한 개인이나 그룹이 고정된 진리를 주장하고, 다른 의견이나 관점을 허용하지 않는다면, 이는 민주주의적인 가치와 원칙을 침해할 수 있죠. 주류와 다른 관점을 제시했다는 점에서 도덕적, 윤리적으로 비난하는 현상은 바람직하지 않습니다. 민주주의적인 사회에서는 다양한 의견과 관점이 존중되고 수용되어야 하며, 이를 통해 진정한 민주주의가 구현될 수 있습니다.

고정 진리 비판

칼 포퍼는 마르크스주의와 더불어 헤겔의 사상도 싫어했는데요. 헤겔과 마르크스주의는 역사적 발전에 대한 고정된 이론이나 진리를 제시했으며, 이를 토대로 사회적 변화와 인간 행동을 설명하고자 했다는 점에서 포퍼에게 비판을 받습니다. 포퍼는 이들의 사상이 담고있는

'내용'만을 비판한 것이 아니에요. 이들의 사상이 전개되는 '형식'을 비판합니다.

예를 들어 헤겔은 이성의 역사적 발전이 절대적인 이해와 진리에 도달하게 된다고 믿었는데요. 포퍼는 이러한 관점이 고정된 진리에 대한 오해를 초래하고, 사회적 변화와 다양성을 무시한다고 비판했습니다. 또한 마르크스주의는 역사적인 물질주의적 관점에서 사회적 발전을 해석하고, 사회적인 구조와 인류의 역사적 발전을 경제적인 요인들로 설명하며 이를 어떤 고정된 진리로 여겼습니다. 포퍼는 이러한 접근이 사회적 다양성과 개인의 자유를 무시한다고 보았으며, 경제적 결정론이 모든 인간 행동을 설명할 수 없다고 주장했습니다.

즉 포퍼는 헤겔과 마르크스주의가 사회적 발전과 변화에 대한 너무 단순한 이해를 제공하며, 고정된 진리에 기반한 이러한 접근이 사회적인 다양성과 개인의 자유를 허용하지 않는다고 비판한 것입니다.

민주주의 실현을 위한 조건들

포퍼는 민주주의를 위해 열린 사회와 개방적인 사고가 필요하다고 주장하죠. 다양한 의견과 관점이 존중되고 수용되는 사회가 민주주의의 핵심 가치를 실현할 수 있다는 것인데요.

이를 위해 포퍼는 개방 사회의 핵심 가치로 톨레랑스를 말합니다. 톨레랑스는 **다른 사람들의 의견, 신념, 행동 등을 존중하고 받아들이는 태도**로, 사회적인 다양성과 개인의 자유를 보장하는 데 중요한 역할을 합니다. 서로 다른 사람들이 서로 다른 의견과 신념을 가지고 있을 수 있다는 것을 받아들이고 존중하는 것이죠. 개인의 의견이나 행동이 다른 사람들과 일치하지 않더라도, 그것을 존중하고 용인하는 것이 톨레랑스의 핵심입니다.

톨레랑스는 민주주의와 열린 사회를 유지하는 데 필수적입니다. 포퍼는 톨레랑스가 토론과 비판적 사고를 촉진하며, 다양한 의견들이 자유롭게 교환되고 논의될 수 있는 환경을 조성한다고 봅니다.

열린 사회와 다양성, 포용, 토론과 비판적 사고 등은 민주주의를 지원하는 핵심적인 가치라고 강조했습니다. 이러한 가치들이 민주주의를 강화하고, 시민들의 자유와 권리를 보장하며, 사회적인 공정성과 진보를 실현할 수 있다는 것이지요. 어떤가요? 우리의 사회는 톨레랑스의 미덕이 있는 사회인가요? 내가 속한 조직은 어떠한가요? 나는 어떠한가요?

chapter

VI

소수자와 다양성

불안과 혐오

다양성의 중요성

우리는 이미 다양성이 민주주의에서 왜 필요한지 앞서 확인해보았습니다. 다양성은 사회와 개인에게 많은 범위에서 긍정적인 영향을 미치는데요. 다양성은 창의성과 혁신을 촉진하는 데 중요한 역할을 합니다. 서로 다른 배경과 경험을 가진 사람들이 모여서 아이디어를 공유하고 협력함으로써 새로운 아이디어와 해결책이 탄생할 수 있습니다.

그 결과로 다양성은 문제 해결 능력을 강화하는 데 도움을 줄 수 있지요. 다양한 시각과 관점을 갖춘 사람들이 모여서 문제를 다양한 각도에서 검토하고 해결책을 찾을 수 있습니다. 매우 실용적이죠. 다양성은 기업과 조직의 성과를 향상시키는 데 도움을 줄 수 있습니다. 다양한 배경과 관점을 가진 팀은 문제 해결에 유연하고 효율적인 접근

방식을 개발할 수 있으며, 이는 기업의 혁신과 성장을 촉진할 수 있습니다.

또한 다양성은 사회적 연대와 공감을 촉진합니다. 서로 다른 사람들과의 만남과 소통은 상호 이해와 공감을 증진시키고, 사회적인 결속력을 강화할 수 있습니다. 본인의 이익만을 위한 주장을 하는 것을 선이라고 할 수 있을까요? 나와 다른 존재를 만나고, 인식하고, 더 넓은 범위의 공동체를 위한 선택을 하는 것이 더 이타적인 것 같습니다. 다양성은 포용적인 문화를 만듭니다. 서로 다른 사람들을 존중하고 포용하는 태도는 사회적인 분열을 줄이고, 모든 개인들이 자신을 포함시키고 소통할 수 있는 환경을 조성할 수 있게 하죠.

다양성이 없는 사회의 위험성

다양성이 없는 사회, 다양성이 없는 조직에선 어떤 현상이 생길까요? 개인적으로는 제가 경험한 것에 한하면 공무원 집단이 정말 다양성의 가치가 존중되지 않는 곳이었는데요. 다양성이 부족한 사회에서는 창의성과 혁신이 자라기 어렵습니다. 비슷한 경험과 관점을 가진 사람들끼리만 모여있으면 새로운 아이디어나 접근 방식이 부족해지죠. **문제에 대한 다양한 시각과 접근 방식이 부족해지고, 조직의 문**

제 해결 능력이 제한됩니다. 공무원 조직에만 적용되는 것이 아닙니다. 기업, 혹은 사회의 관점에서 봐도 그렇죠. 다양성이 부족한 사회에서는 경제적 성장이 제약될 수 있습니다. 혁신적인 아이디어와 다양한 인재가 부족하면 기업들의 성장과 경쟁력이 약화될 수 있습니다.

또한 다양성이 부족한 사회, 집단주의와 획일적 문화를 가진 사회에서는 편견과 차별이 증가할 수 있습니다. 특정한 집단이 다수를 이루고 있는 경우, 소수 집단에 대한 차별이나 배척이 발생할 가능성이 높아집니다. 혹은 **다양성이 존중되지 않는 집단에서는 주류 가치관과 다른 사상이나 행동은 비판받으며, 개인의 자유와 독립성이 제약되죠.** 개인은 집단의 기준에 맞추어 행동해야하기에 자유로운 의사 표현과 선택이 제한됩니다. 개인의 고유한 발전이나 성장이 어려워지죠. 다양성이 없는 집단에서는 모두에게 획일적이고 공통적인 기준의 성장이 있으며 그것만이 의미있는 성장, 정답으로 여겨집니다.

다양한 의견과 관점이 받아들여지지 않는 것은 주류의 가치관과 다른 개인을 배척하는 결과로 사회적인 분열과 갈등이 생기기도 합니다.

한국 사회는 어디로 가고 있을까요? 젊은 인구의 증가율은 낮은 반면, 평균 수명의 연장으로 노인 인구는 가파르게 증가하고 있습니다. 앞으로도 젊은 인구가 빠르게 증가하진 않을 것으로 보이는데요. 이런 상황에서 외국인 이민을 받아야한다는 주장, 받으려고 해봤자 그들한

테 우리나라가 매력적인 이민 국가도 아니라는 주장도 있지요. 물론, 우리 나라는 이미 이민자들이 많다는 점에서 다문화국가라는 주장도 있습니다. 하지만 그들이 실재로 존재함과 별개로, 한국이 진정한 의미에서, 다양한 문화가 존재할 수 있는 다문화국가라고 말하기는 주저됩니다.

차별이 위협하는 다양성

사회학자이자 정치학자인 마스 누스바움은 다양한 문화가 존재하는 미국 문화에 주목하며 다양성과 차별에 대해 연구했는데요. 그녀는 이민자, 성 소수자, 인종 소수자 등 다양한 소수자 집단이 여전히 사회적으로 배척되거나 차별받는다며 여러 형태의 차별과 불평등이 존재한다고 지적했습니다. 특히, 그녀는 이민자들이 접하는 문화적 차별과 경제적 어려움, 성 소수자들이 직면하는 사회적 편견과 혐오, 인종 소수자들이 경험하는 인종 차별 등에 대해 주목했습니다.

누스바움은 정치적인 분열과 사회적인 불안이 증가함에 따라 차별과 불평등이 심화되고 있다고도 지적했습니다. **사회적 불안은 특정 정치적인 성향이 강화된 적대적 태도를 유발하며 특정 집단에 대한 차별과 혐오를 낳고, 이는 다시 사회의 다양성과 포용성을 위협한다**는 것이죠.

소수 집단 혹은 약한 집단에 대한 차별과 혐오는 다양성과 포용성에 어떻게 작용할까요?

차별은 그 자체로 특정 집단이나 개인의 다양성을 제한하거나 억압합니다. 전통적이지 않고 주류가 아닌 낯선 집단 혹은 낯선 개인의 관점을 무시하거나 배척하죠. 차별은 개인이나 집단의 가치를 부정하고, 그들을 무시하거나 비하함으로써 인간의 존엄성을 훼손합니다. 이런 식으로 특정 집단이나 개인을 배척하거나 제한하는 것은 사회적 결속력을 파괴합니다. 상호이해와 공동체의 유대감을 약화시키고, 사회적인 분열을 촉진하죠.

그래서 누스바움은 차별에 대한 인식을 높이고, 포용적이고 다양성을 존중하는 사회를 구축하기 위해 노력해야 한다고 강조했습니다.

소수자 차별의 구조

누스바움은 권력과 구조가 소수자 차별을 유지하는 데 중요한 역할을 한다고 주장했습니다. 정치적 결정, 법률, 사회적 제도 등의 권력과 구조는 종종 특정 집단을 배제하는 식으로 소수자들을 차별한다는 것인데요. 또한 제도화 되지 않은 문화와 사회적 가치도 소수자 차별을 형성하는 데 영향을 미친다고도 주장했습니다. 특정 문화나 사회적 가치가 특정 집단을 소외시키거나 비하하는 경향이 있으며, 이는 차별을 유지하는 데 기여할 수 있습니다. 예를 들면 이슬람의 문화적 전통은 여성의 인권을 소외시키죠.

물론 차별은 완전히 구조의 문제인 것은 아닙니다. 인간의 본성이 차별을 만들기도 하는데요. 선입견, 편견, 차별적인 태도 등은 사회적으로 차별을 유지하고 이를 정당화하는 데 사용될 수 있습니다. **낯선 것에 대한 이질감은 본능적이기도 합니다. 이 본능적인 것이 사회의 주류 구조와 결합하면 소수자에 대한 차별을 단단하게 만들죠.** 그러나 본성이라는 것이 모든 걸 정당화하지는 않죠. 마스바움은 차별을 만드는 구조와 개인의 본성을 인식하고, 차별에 대한 인식을 높여서 구조적인 변화와 개인적인 태도 변화를 통해 소수자 차별을 극복해야함을 강조했습니다.

불안과 두려움은 혐오가 된다

누스바움은 사회적 불안과 두려움이 혐오로 이어진다고 주장했습니다. 타집단에 대한 혐오 뒤에는 불안과 두려움이 있다는 것인데요. 혐오를 만드는 두려움이란 뭘까요?

예를 들어, 경제적인 불안정이나 사회적인 불평등으로 인해 사람들은 미래에 대한 불확실성과 위험을 느끼게 될 수 있으며, 이는 두려움을 증폭시키고, 다시 타집단에 대한 혐오가 된다는 것이지요. 이는 정치적인 분열로도 이어지고, 정치적인 갈등과 분열은 사람들 사이에 불신과 불안감을 유발하죠.

누스바움은 두려움이 다양한 것들에 대한 혐오로 변할 수 있다고 했는데요. **두려움을 느끼게 된 개인은 자신의 불안과 불안을 다른 사람이나 다른 집단에 이유를 돌리는 경향이 있습니다.** 자신의 불안을 해소하기 위해 다른 사람을 대상으로 삼거나, 다른 집단을 타겟으로 삼아 혐오를 표출하는 거죠. 사람들은 **자신의 두려움을 정당화하기 위해 특정 집단에 대한 편견을 강화합니다. 그 집단이 혐오 당할 만하다고 일반화하고, 나의 혐오를 정당화하는 거죠.**

현재 자신의 삶을 불안하게 하는 것, 사회적 불안을 만드는 것에 대한 이유로 사람들은 '새로운 요인, 새로운 유입'에 주목하며 외국인이나 다른 문화적인 배경을 가진 사람들을 두려워하고, 이들에 대한 혐오와 차별을 표현합니다. 그래서 두려움은 종종 이민과 다문화주의에 대한 혐오로 변하기 쉽습니다. 또한 전통적인 가치를 흔드는 성 소수자에 대한 두려움이 생기고, 차별과 혐오로 이어집니다. 특정 인종이나 종교에 대한 혐오로 변할 수도 있고요.

또한 사회적 불안은 사람들 간의 신뢰를 흔들어놓을 수 있습니다.

불안이 높아지면 사람들은 서로를 더욱 의심하고, 사회적인 관계에서의 신뢰가 저하될 수 있습니다. 또한 불안이 높아지면 사람들은 주변 사람들과의 사회적 상호작용을 피하거나 줄이게 되죠.

이렇듯 두려움과 사회적 불안이 사회적 분열을 조장하기에, 누스바움은 상호 이해와 신뢰를 증진시키는 것이 중요하다고 강조했습니다.

누구나 소수자가 된다

우리는 살면서 언젠가는 소수자의 위치가 됩니다. 혹은 상대적 약자의 입장이 될 수도 있지요. 그래서 우리는 내가 살아가는 사회가 소수자와 다양성에 대한 포용력이 높은 사회가 되는 것이, 나 자신을 위한 방법이기도 합니다. 당장의 내가 소수자가 아니더라도요.

공감은 지능 문제라는 말도 있더군요. 그 말의 맥락상의 요지도 알겠지만, 저는 선택적 공감의 위험성에 더 주목하는 편입니다. 자신의 실리만을 목적으로 하는, 자신의 이익을 대변하는 집단만에 대한 공감은 물론 무엇보다 진실되고 강력하겠지만, 이타성만을 가지고 있는 것은 아닙니다. **내가 공감되지 않는 것을 헤아려보려는 노력, 본능적이고 감정적으로 우러나오진 않아도 너그럽고 따듯한 이성과 합리로 이**

해해보자 하는 태도에 더 넓은 범위의 이타성이 있다고 생각합니다. 그래서 공감보다는 이해를 권하고 주고받는 사회이면 좋겠다는 작은 바람을 해봅니다.

허울 좋은 소리는 아닐까

이방인이나 소수자를 위한 정책은 자주 논쟁거리가 됩니다. 역차별이 아니냐는 반응도 뒤따르지요.

누스바움의 이론은 종종 사회적인 문제들에 대해 과도한 낙관주의를 보이는 것으로 비판받기도 합니다. 너무 추상적이라는 거죠. 또한, 주류의 문화나 가치관에 자정작용이 필요하듯, 소수자의 문화나 가치관에도 자정작용이 필요할 것입니다. 주류의 문화에서 소외되는 작은 목소리에도 귀기울일 필요가 있지만, 그렇다고 빈자라고 선하거나 약자라고 선한 것은 아니지요.

그럼에도, 누스바움의 이론은 사회적 혐오가 어디에서 기인하는가에 대한 하나의 해설을 제시한다는 점에서 의의가 있습니다. 이유를 알면 해결이 뒤따라오니까요.

동물권의 유용함

동물권리의 역사

최근 들어 국내에서도 동물 권리에 대한 관심이 이슈가 되고 있습니다. 그러나 한편으로는 인간도 살기 팍팍한 사회인데 동물 권리를 따지는 게 유난스럽다는 부정적인 평가도 뒤따르지요. 인간의 효용과 동물의 권리가 부딪히는 지점들도 있습니다. 그러나 이제 **배 곪던 시기를 지나, 권리와 자유에 대한 인식이 높아진 시기에 동물권에 대한 논의는 자연스러운 수순**인 것 같습니다. 한국에선 비교적 최근에야 관심이 주목되는 이슈이지만, 국제적인 관점에서는 동물 권리의 개념은 일찍부터 논의된 주제입니다.

동물 권리에 대한 철학적 논의는 고대부터 시작되었고, 동물 권리 운동의 현대적인 개념은 상대적으로 최근에 발전하였습니다. 18세기 후반부터 19세기 초반에 동물학대에 대한 사회적 인식이 높아지며 19세기에 동물에 대한 학대와 학대행위에 대한 처벌을 목적으로 한 최초의 동물 보호법이 제정되기 시작합니다. 예를 들어, 19세기 초반에 영국 동물 학대 방지 협회(British Society for the Prevention of Cruelty to Animals)가 설립되고, 동물학대에 대한 처벌을 포함한 소 학대 금지법(The Cruel Treatment of Cattle Act)이 제정되었습니다. 영국의 동물 보호 법률의 초기 형태 중 하나입니다.

20세기 초반에는 동물에 대한 윤리적 문제에 대한 관심이 더욱 확대되었습니다. 피터 싱어(Peter Singer)의 "동물해방"과 톰 리건(Tom Regan)의 "동물의 권리"와 같은 책들이 출판되면서 동물 권리 운동의 개념이 형성되었고, 동물 보호법이 확대되기 시작합니다. 독일은 20세기 초 동물 보호법을 제정하였고, 미국은 20세기 중반에 동물 복지법을 제정합니다. 동물 학대를 방지하고 가축의 산업 등을 규제하기 시작했죠.

20세기 후반에는 동물 권리 운동이 더욱 확대되었습니다. 여러 국가에서 동물 보호법이 제정되었고, 동물 실험과 같은 윤리적 논란을 더욱 강력하게 제기하는 단체들이 활동하였습니다. 유럽연합에서도 동물 복지와 관련된 법률을 채택하여 축산업과 실험동물 등에 대한 복지를 다루었고요.

21세기에는 소셜 미디어의 발전으로 인해 동물에 대한 학대와 복지에 대한 정보가 보다 쉽게 공유되고 확산되면서 동물 권리 운동은 보다 광범위하고 지속적인 사회적 관심을 얻게 되었습니다. 다양한 국가에서 동물에 대한 권리를 보호하는 법률이 제정되고, 동물실험과 동물 복지에 대한 논의가 더욱 활발해졌습니다. 예를 들어, 독일은 2002년에 동물보호법을 개정하여 동물에 대한 존엄성과 삶의 질을 보장하는 내용을 포함시켰습니다. 동물에게 불필요한 고통을 주거나 고통스러운 상황에 노출하는 행위를 금지하고, 동물을 기르는 사람들에 대한 책임과 의무를 명시합니다. 또한 동물 실험에 대한 규제도 포함하고 동물농장과 축산업에 대한 조건을 규정하여 동물들의 생활 조건과 복지를 보호합니다. 동물에게 고통을 주거나 학대하는 행위는 범죄로 간주되며, 적절한 처벌이 부과되죠.

민주주의가 먼저 태동하고 인권에 대한 의식이 높은 나라에서 동물권에 대한 의식도 빨리 발전하는데요. 후진국의 동물 권리에 대한 인식은 어떨까요? 국가마다 다양할 수 있지만, 일반적으로는 전통적인 태도와 문화적 요인으로 인해 동물에 대한 대우가 제한적이기도 합니다. 예를 들어, 축산업이 발달되어 동물들이 산업적 이윤을 위해 대량으로 생산되고 처리되는 경우에는 동물의 복지가 보장되지 않을 수 있습니다. 가장 큰 요인은 경제적 문제이죠. 후진국에서는 동물 권리에 대한 인식보다 경제적 우선순위가 높을 수 있습니다. 아무래도 먼저 사람들이 먹고 살만 해야 동물 권리에 대한 이야기도 나올 수가 있습니다. 많은 후진국에서는 빈곤과 식량 부족으로 인해 동물의 복지보다 인간의 기본적인 생존에 초점을 맞출 수밖에 없고, 동물 권리 보호에 대한 법과 제도는 상대적으로 부족하죠.

세계의 흐름을 보면, 경제적 환경이 뒷받침된 환경에서 민주적으로 얼마나 성숙했냐에 따라 동물 권리 보호의 인식이 점차 증가하는 것 같습니다.

동물권을 위한 공리주의

여러분. 앞서 읽은 존 밀이 기억나시나요? 그는 공리주의를 주장했던 사람입니다. 지금 살펴볼 피터 싱어의 동물권리에 대한 주장도 공리주의 배경이라는 점에서 맥을 같이하는데요. 종종 공리주의는 효용을 강조하는 실리적인 관점에서, 의무주의와 대비되어 차가운 이미지를 주기도 합니다. '1명을 죽여서 10명을 살릴 수 있다면 기꺼이 그러겠다'라는 극단적인 문장으로 단순하고 피상적으로 접하는 공리주의는 무척 냉혈한 같습니다. 그러나 사실 공리주의자들은 대체로 더 약하고 낮은 위치의 존재들의 이익을 대변하기 위해 공리주의를 주장하는 경향이 있습니다. 밀은 가난하고 지위가 낮은 사람들의 자유와 권리를 주장했고, 피터 싱어는 동물의 권리를 주장하는 거죠.

동물도 고통을 느끼기에

피터 싱어는 “동물해방”이라는 책에서 동물 해방에 대한 주장을 제시했는데요. 그의 공리주의 관점에서 동물 권리가 보호되어야 하는 근거로 감정과 고통을 강조합니다. 동물들도 감정과 고통을 느낄 수 있으며, 따라서 그들의 고통을 최소화하기 위해 동물 권리가 보호되어야 한다고 주장합니다.

싱어는 공리주의적 윤리의 원칙 중 하나로서 공정한 대우와 자유를 강조하는데요, 이 원칙은 인간들뿐만 아니라 동물들에게도 적용되어야 한다고 주장합니다. 그들도 고통을 느낄 수 있으니까요.

공리주의적 윤리의 기본 원칙은 전체 효용의 최대화입니다. 이는 가능한 모든 존재에게 최대한의 행복과 최소한의 고통을 가져다주는 것이 중요하다는 것이고, 이 기준에 따라서는 행복과 고통을 느끼는 존재들이 모두 고려되어야 하는 것이죠. 따라서 동물들의 존엄성과 복지를 고려하여 행동하는 것은 인간들의 윤리적 의무이며, 동물들이 자유롭고 고통 없는 삶을 살 수 있도록 노력해야 한다고 강조합니다.

동물권이 사회적 정의 추구에 미치는 영향

동물 권리의 추구는 사회적 정의에 영향을 미칠까요? 어떻게요?

동물 권리 운동은 동물들을 단순한 자원이나 물품으로 보는 관점을 깨뜨리고, 동물들을 우리와 함께 살아가는 동반자로 인식하는 문화적 변화를 촉진합니다. 그리고 동물에 대한 윤리적 고려와 책임을 강조하죠. 또한 동물들의 복지와 생존을 증진시키는 것이 지속 가능한 사회적 발전과 환경 보호에 필수적이라고 주장합니다. 이는 동물을 포함한 모든 생명체의 이익을 고려하여 자연환경을 보호하고 지속 가능한 삶을 추구하는 방향으로 사회적 정의를 추구하는 데 도움이 됩니다.

가장 중요한 것은, 동물 권리 다양성과 포용성에 대한 인식을 높인다는 것입니다. 동물 권리가 높은 사회는 일반적으로 소수자에 대한 포용성이 높을 가능성이 있는데요. 동물 권리 운동은 고통을 느끼지만 인간의(주류의) 언어로 표현하지 못하는 존재의 고통을 대변하며 다양성과 포용을 장려합니다. 이는 사람들이 다른 사람의 고통과 이해관계를 더 잘 공감하고 이해할 수 있도록 도울 수 있습니다. 다양한 생명체들에 대한 존중과 보호를 강조하는 이 관점은 다른 소수자 집단에 대한 존중과 포용을 더욱 강화할 수 있어요. 당연하게 생각해왔던 것, 편리해져서 관습과 전통이 되어온 것에 대해 말 못하고 소외된, "여기까지 챙겨줘야 돼?"라고 말하게 되는 존재에 대해 집중하게 되는 거죠.

물론, 어느 정도가 최적의 것인지는 끊임없는 대화와 논의가 필요하겠죠.

동물 권리 운동과 소수자 권리 운동은 공통된 윤리적 가치를 공유합니다. 둘 다 존엄성, 고통 최소화, 존중 등을 중요하게 여기며, 이러한 윤리적 원칙은 인간과 동물 모두에게 적용될 수 있다는 점에서 연관성을 보입니다.

동물권의 실용적 가치

싱어는 동물 권리 보호가 사회적 진보와 도덕적 발전에 기여할 수 있다고 믿습니다. 동물들에 대한 보다 공정하고 존중하는 태도는 인간의 도덕적 의무와 연관되며, 이는 사회적 진보와 인류의 윤리적 발전을 촉진할 수 있다는 거죠. 싱어는, 인간들이 동물들을 더 존중하고 공정하게 대우할 수록 사회적으로 더욱 발전된 도덕적 인식이 형성될 수 있다고 생각합니다.

한국에서는 길고양이에 대한 이슈가 있습니다. 이 이슈는 '캣맘'이라는 단어로 표현되는데요. 논쟁지점이 여러가지가 있습니다. 불쾌한 소음을 발생시키는 길고양이를 해쳐도 되는가, 길고양이에게 먹이를 줘서 살리는 대신 그 고양이가 타인에게 불쾌한 소음을 주는 것을 감

수해야 되는가, 길고양이에게 먹이를 줄 자유와 고양이의 소음으로부터 수면을 방해받지 않을 자유 중 더 우선되는 것은 무엇인가. 이런 논쟁을 어떤 기준을 가지고 접근할 수 있을까요?

공리주의 관점은 무조건 동물 권리를 무조건적으로 지켜야된다고 주장하지는 않습니다. 인간과 들개가 있을 때, 들개가 인간을 공격하거나 위협할 때, 인간이 죽었을 때 상실되는 행복과 생겨나는 고통이 더 클 것입니다. 이 상황에서 공리주의는 들개를 죽이는 것에 찬성할 수 있어요. 그러나 인간에게 위협을 가하지 않고 잠재적인 위협도 없는 들개가 있는 경우에는 그 들개를 해치는 것에 반대하겠죠. 다만, 위와 같은 상황에서는 길고양에게 먹이를 줄 자유는 타인에게 해를 끼치지 않는 선까지 가능한 것이니 수면을 방해받지 않을 자유가 더 우선된다고 할 수 있을 것 같습니다. 그러면서도, 수면을 방해받지 않기 위해서 길고양이를 해치는 것은 용인하지 않을 것 같습니다. 수면을 방해받은 자의 고통을 감소시키면서도, 길고양이의 고통도 감소하는 방향을 찾고자 할 것 같아요. 행복의 총량을 늘리고 고통의 총량은 줄이는 것이 공리주의의 관점이니까요. 어때요? 타당하고 실용적인가요?

싱어는 동물 권리 보호가 공정성과 사회적 정의를 증진시킬 수 있다고 주장합니다. 동물들에 대한 불필요한 학대와 차별을 줄이고, 그들의 복지와 존엄성을 보장함으로써 사회적으로 보다 공정하고 평등한 사회를 구축할 수 있다는 거죠.

개인의 자유와 동물의 권리가 충돌하는 경우

개인의 자유와 동물의 권리가 충돌하는 경우는 여러 상황에서 발생할 수 있습니다. 예를 들면 인간의 의학적 연구나 제품 개발을 위해 동물을 실험 대상으로 사용하는 경우, 동물의 권리와 개인의 자유가 충돌할 수 있습니다. 동물은 자유롭고 고통 없이 살아가는 권리를 가지고 있지만, 의학적 발전과 인간의 건강을 위해 동물 실험을 필요로 하는 경우가 있죠. 또한 우리는 동물을 먹기도 하지요. 이 경우 동물의 존엄성과 복지를 고려하여 적절한 취급이 필요합니다. 동물의 복지와 안전을 고려하면서도, 생산성을 유지하고 경제적 이익을 추구하는 것이 과제라고 할 수 있습니다.

우리는 이제 동물 실험이나 육식 등, 우리의 실용적인 목적을 위해 동물을 수단으로써만 대하는 게 아니라 동물과 함께 함으로써 행복을 느끼기도 하는데요. 반려동물이라고 하지요. 그런데 이 경우에도, 반려동물의 권리와 주인의 자유가 충돌할 수 있습니다. 반려동물의 복지와 안전을 고려하면서도 주인의 개인적인 자유와 책임을 균형있게 유지해야겠죠.

이러한 충돌 상황에서는 동물의 권리와 복지를 존중하면서도 인간의 필요와 자유를 고려하여 해결책을 모색해야 합니다. 이를 위해 법률, 윤리, 사회적 합의 등 다양한 차원에서 논의되고 있으며, 상황과 환경에 따라 적절한 조치가 필요합니다.

싱어는 동물에게 인간과 동등한 권리를 부여하지는 않습니다. 근거가 무엇일까요? 왜냐면 일반적으로, 인간이 느낄 수 있는 고통이 더욱 복잡하고 크다고 추측하기 때문입니다. 개미와 강아지 중 하나를 죽여서 인간 100명을 살릴 수 있다면, 싱어는 개미를 죽일 것입니다. 개미가 느끼는 고통이 가장 단순하며 작다고 판단하기 때문입니다. 이런 관점에서, 동물이 인간과 동등하다고는 말하지 않는 거죠. 다만 그는 동물들도 분명 고통을 느끼기에, 인간의 합리적인 이해관계에 따라 적절한 보호와 존중을 받을 수 있도록 하는 것이 중요하다고 주장합니다.

예를 들어, 그는 동물실험이 인간의 의료 발전을 위해 필요한 경우라도, 동물의 고통과 이익을 최소화하는 방향으로 진행되어야 한다고 주장합니다. 따라서 동물실험이 반드시 필요한 경우라도, 최소한의 고통을 유발하고, 대체할 수 있는 방법이 있을 때에만 동물실험을 실시해야 한다고 주장합니다.

동물권과 인간의 권리가 충돌하는 지점에서 우리는 동물의 복지와 권리를 존중하면서도 인간의 합리적인 이해관계를 고려해야겠습니다. 그를 위해 세심한 이해와 접근이 필요하겠죠.

선한 판단을 위해서는 늘 세심한 이해와 접근이 필요합니다. 이해관계자들의 입장, 사회적 맥락 등을 판단해야 하지요. 무엇이 선한가,

정의로운가, 타당한가는 맥락에 따라 달라지니까요. 많이 읽고 많이 들어야 하는 이유겠습니다.

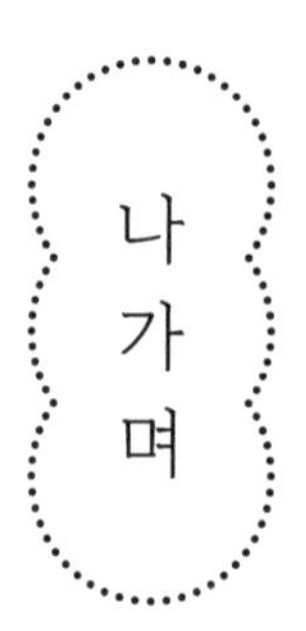

나가며

좋은 사회가 가능한 것인지 의문이 들기도 하는 때입니다. 선한 마음으로 하루를 시작했다가 이를 갈며 하루를 마무리하기도 합니다. 유튜브로 미담을 보며 감동받고 눈물을 흘리다가, 지하철에서 나를 밀치는 사람을 보면 뒤통수 한번 치고 싶다는 생각을 하기도 하지요. 사회생활을 하면서 선함은 내 무기가 되는 게 아니라 나를 약하게 하는 것 같고, 더 가시로 나를 감싸고 싶어지기도 합니다. 에라 모르겠다, 돈이나 벌자, 싶을 때도 있고요.

그럼에도 역시나 가끔씩 탄탄하게 선한 사람을 만나면 반갑고 행복해집니다. 올곧고 유연한 선을 닮고 싶어집니다. 그때 그때 마음에 휩쓸려서 주장하는 선보다는, 원칙 하에 고민 끝에 결정하는 선이 더 아름답다고 생각하는 편입니다.

저는 선한 사람도 아니고, 선하려고 노력하는 사람이라고 말하기도 자신 없고, 선을 고민하는 사람이라고 할 수 있겠습니다. 요즘엔 '선해야 하나?'라는 의문부터 생기니까요. 당장 뜻하지 않는 여윳돈 500이 생기면 자선단체에 기부할 생각이 먼저 들지 않죠. '자선 단체를 믿지 못해서..'라고 말하기엔, 직접적으로 후원하는 방법을 찾아본 것도 아니니 핑계일 뿐이고요. 돈이 생기면 저는 나를 위해, 그리고 내가 사랑하는 주변 사람을 위해 씁니다.

나이가 들수록 선한 마음이 쪼그라드는 것 같습니다. 얼굴 모르는 사람들을 위해 노력하고 행하던 마음이 다 어디로 사라졌는지 모르겠습니다. 나의 이익을 침해받지 않는 선에서 선을 외치는 건 쉽지만 나의 이익을 포기하면서까지 타인을 위하는 건 정말 어렵습니다. 앞으로도 계속 고민하면서 살 것 같습니다.

그래도 이렇게 글을 쓰고 보니 뜻하지 않는 돈이 생기면 나(와 내가 속한 관계)만 챙기는 마음이 부끄럽다는 생각이 들어, 로또에 당첨되면 꼭 일부는 기부를 해야겠다고 이 글을 읽는 여러분께 약속드리겠습니다. 조금만요.(ㅎㅎ).

고민하고 선하게 행동하는 사람이 사회에 더 유익하다고 생각합니다. 고민한 결과로 행하는 선에 확장 가능성이 더 크다고 생각하고요. 같이 고민하고 싶어서 적었습니다. 좋은 사상들을 소개하며 많이 요약했습니다. 요약은 필히 왜곡을 만듭니다. 넓은 이해 부탁드려요. 왜곡

없이 전달하는 것보다는 지루하지 않게, 쉽게 전달하는 것에 초점을 맞췄습니다. 재밌는 숏폼이 범람하는 시대에 긴 글은 재미없잖아요. 그런데도 시간을 할애해 이렇게 글을 읽어주셔서, 심지어 나가는 글까지 읽어주셔서 놀랍고 반갑습니다. 감사합니다.

래나 드림.